上司の秘訣は
ただひとつ
部下のやる気を
引き出すこと
中谷彰宏

あきひろ

この本は、３人のために書きました。

1 部下のやる気を、出させたい上司。

2 やる気を出したい部下。

3 部下を持つ上司を、やる気にさせたい人。

01

motivate your subordinates

はじめに

二流は、
やる気を出させる。
一流は、
やる気が出なくてもまわる
仕組みをつくる。

企業からの相談で多いのは、「部下のやる気を出させるにはどうしたらいいでしょうか」というものです。

本来は、やる気などなくても会社がまわっていく仕組みをつくればいいだけです。

間違っているのは、「やる気を出せ出せ出せ」と言って、仕組みをつくらないで、やる気を出させようとすることです。

やる気は、精神の問題です。

精神の問題は、精神では解決できません。

精神の問題は、仕組みで解決します。

やる気がなくても仕事がはかどる仕組みをつくることです。

その仕組みで動いているうちに自動的にやる気が出てくる仕組みをつくることです。

個人においても、やる気は最初からは出ません。

朝起きたら、誰でもボーッとしています。

朝起きてやる気が出ている人は、むしろ故障です。

人間の身体は、やる気を出すまでにタイムラグがあります。

動いていると、脳の中の側坐核《そくざかく》にスイッチが入って、作業興奮が起こります。

「やる気」とは、行動して作業興奮が起こった状態です。

行動する前から興奮しているのは故障です。


上司は部下に過度な興奮をさせないようにすることです。

行動していないのにやる気のある人は危ないです。

あるところで、いきなりウツになります。

会社の中でウツになる人は、やる気のありすぎる人です。

上司は、一方で「部下のやる気が出ない」と言いながら、もう一方で社内のウツの問題に困っています。

「やる気を出せ出せ」と言うから、部下は余計ウツになるのです。

やる気の出る仕組みをつくることが、上司の仕事なのです。

部下のやる気が自動的に上がる　モチベーションの強化書　もくじ

chapter 1

上司は、やる気が続く仕組みをつくる。

chapter 2

上司は、仕事を通して、生き方を教える。

chapter 3

上司は、会話を深めて、学びを共有する。

chapter 4

上司は、改善策を実行してやる気に導く。

上司は、やる気が続く仕組みをつくる。

chapter 1

02

motivate your subordinates

二流は、
「開始やる気」に頼る。
一流は、
「継続やる気」を与える。

最初はやる気のあった部下が、途中でやる気がなくなることがあります。

入社したての頃、転職したての頃は、やる気があったのです。

それが突然、やる気がなくなります。

これでリーダーはめげるのです。

やる気には、「開始やる気」と「継続やる気」の2つがあります。

どんなにやる気のある人でも、「開始やる気」は3カ月で止まります。

これが正常です。

しかも、3カ月はマックスです。

1週間で消える人もいます。

長くても3カ月以上続かないのが普通です。

3カ月経ってもやる気が続く人は、「開始やる気」が「継続やる気」に変わったのです。

「開始やる気」の原動力は、「報酬（お金）」「ほめ」「感謝」の3つです。

はじめは、「給与が欲しい」「上司にほめられたい」「お客様に感謝されたい」と考えます。

どんなに給料を上げて、どんなにほめて、どんなに感謝しても、「開始やる気」は3

カ月しか持ちません。

「こんなに給料を上げて、ほめて、感謝しているのに、なんで部下のやる気が続かないのか」と思うと、やがて上司がウツになります。

そこでウツになる必要は、まったくありません。

脳の仕組みからして、「開始やる気」は3カ月以上続かないようになっているのです。

「継続やる気」の原動力は、「役立ち感」「工夫感」「成長感」の3つです。

「開始やる気」の原動力は、すべて受け身で物質的です。

それに対して、「継続やる気」の原動力は、すべて自発的に感じるものです。

ここでのリーダーの仕事は、部下が自分の「継続やる気」に気づく手伝いをし、補助をし、サポートをすることです。

入社時のやる気満々は「開始やる気」で、もともと続かないものなのです。

だから「あの面接で言っていたことはどうなったんだ」「仕事を始めた頃のやる気はどうなったんだ」ということになるのです。

情報化社会は、世の中に「いいね！」という他者からの承認が多いので、どうしても

「開始やる気」はつかみやすくなります。

その反動として、「継続やる気」が自分の中からなかなか湧いてこなくなります。

やる気が3カ月以上続いている人は、知らないうちに「開始やる気」が「継続やる気」に転換された人です。

シフトしたことに、本人は気づいていません。

私自身も、それがいつ起こったかわかりません。

あとになって気づきましたが、幸いなことに、私には上司のアシストがあったのです。

上司からの年賀状を読み直してみると、いいことを書いてくれていました。

ひと言ひと言、手書きで書かれています。

ある年賀状に「おまえのキレのいい返事がいい」と書いてありました。

私は空手部にいたので、返事のキレがいいのです。

その時はなんとも思いませんでしたが、今思うと、その上司のひと言が「開始やる気」から「継続やる気」に切り替わるきっかけになったのです。

03

motivate your subordinates

二流は、
部下に「しがみつかせる」。
一流は、
部下に「しがみつかせない」。

経営者やリーダーに会うと、必ず「部下にやる気を持たせたいが、どうしたらいいですか」と聞かれます。

それはウソです。

本人もウソをついたことに気づいていません。

私が「どれだけやる気を出させたいですか」と聞いてみると、「いや、やる気はいくらあってもいいです」と答えます。

それもウソです。

部下が自分よりやる気が出たら、自分がやる気のないヤツに見えて、不具合なのです。

「自分よりも低いけれど、そこそこやる気が出る人になってほしい」というのが、上司のホンネです。

心の中では「やる気を自分以上に出されたくない」という気持ちがあるのです。

部下にやる気があってバリバリ仕事ができるようになると、上司はいらなくなります。

自分が会社を休んだ時に、部下に「やっておきました」と言われると、自分がいなくても会社がまわり始めたことになります。

これが上司の一番恐れることです。

母親と子どもの関係も同じです。

親は、口では「自立できる子どもに育ってほしい」と言います。

自立したら、子どもは親から離れていきます。

実際には、親は、自分から離れていかずに、頼ってくれるレベルの自立を求めているのです。

これは「子どもは自分より下に置きたい」という考え方です。


上司は、「部下がなんでもかんでもオレに頼るんだよな」「あいつはオレがいないとダメなんだよね」と言いながら、少しうれしいのです。

ダメ部下は上司にしがみつきます。

上司は上司で、頼られることで「オレは上司なんだな」と感じます。

共依存現象が起こっているのです。

この関係は、部下が変わっても続きます。

ダメ男とつき合っている女性が、次から次へとダメ男とつき合うのと同じです。
二流の上司は、やる気のない部下を探し回って、やる気のある部下のやる気を奪います。
二流の上司は、部下にしがみつかせると同時に、自分が部下にしがみついているのです。

自立するということは、「しがみつかない」ということです。

会社がいつつぶれても、いつクビになっても、部下が1人で生きていけるようにすることが「やる気を出させる」ということです。

会社に忠誠を誓わせるのは、ますますしがみつかせることになって、逆効果です。
二流の上司や親は、「やる気を出させたい」とか「自立した子どもに育てたい」と言いながら、いざ自分から離れていったり、言うことを聞かなくなったりするのはイヤなのです。

特に組織の中では、この共依存が生まれやすいのです。

04

motivate your subordinates

二流は、
空間を拡大する。
一流は、
時間の密度を濃くする。

やる気は、大きな空間にあるのではなく、時間の密度の中にあります。
やる気のある社員が長時間働いているかというと、違います。
やる気のある社員は集中力があります。
集中力とは、「時間の密度が濃い」ということです。
同じ1時間の中で、猛烈にいろいろなことをしているのです。

一流の上司は、部下の時間の密度を濃くします。
時間の密度を濃くするとは、具体的には、どういうことでしょう。
時間の密度が薄い代表例は、会議です。
① 時間内に決着すると決める。
② 上司も、部下も、会議に関係ない話をしない。
③ 遅れて来る人を、待たない。
④ メンバーが揃ったら、時間前でも、始める。
⑤ 書かれた紙を、読まない。

⑥　意見のない人に、当てない。
⑦　上司は、与太話をしない。
⑧　決まったら、早めでも切り上げる。
⑨　お茶を取らない。
⑩　電話に出ない。
⑪　「聞いておいたほうがいい」という人を、呼ばない。
⑫　事前に、情報をメールで周知する。
⑬　狭い会議室を使う。
⑭　25分で切る。

こうすることで、会議の密度が濃くなります。

これが、やる気を出させることに繋《つな》がります。

それに対して、二流の上司は、部下に個室や広いスペースを与えたり、いい場所に移したりします。

これは「空間を拡大させていく」という発想です。

部下が「忙しい」と言えば、社員の人数を増やしてあげます。

人数を増やせば、1人当たりのやる気は相対的に減っていきます。

「人数」と「やる気」は反比例するのです。


サッカーは、レッドカードをもらって人数が減ったほうのチームが勝つことがあります。

人数の多いほうがサボるからです。

2人が退場して9人対11人になっても、同じことが言えます。

これが「やる気」です。


空間を拡大しても、やる気は起きません。

やる気は、空間の中ではなく、時間の中にあるのです。

05

motivate your subordinates

二流は、オラオラ。
一流は、侘《わ》び寂《さ》び。

やる気は、文化です。

日本の文化史は、「絢爛《けんらん》豪華」と「侘《わ》び寂《さ》び」の2極の間で動いています。

信長は文化人なので、「侘び寂び」です。

秀吉は「絢爛豪華」です。

秀吉は、領土拡大が最大の夢でした。

信長は、安土城をもっと文化的にした安土城の大阪城版をつくって、日本を観光立国にしようと考えていました。

外国人をどんどん呼んで、日本の文化を売っていくのです。

そのために一流の文化人のブレーンを集めました。

秀吉は文化に興味がありませんでした。

利休とモメて、利休を切腹させました。

その翌年には朝鮮出兵しています。


「絢爛豪華」は、別名「オラオラ」です。

リーダーがオラオラになると、部下のやる気はどんどん下がります。

リーダーがオラオラでも、部下にやる気が出た時代もあります。

それは高度成長期の１９６０年代とバブルの１９８０年代で、経済が右肩上がりだった時代のみです。

今は成熟社会です。

パイはこれ以上大きくなりません。

その中で部下にやる気を出させるのは、「侘び寂び」の上司です。

侘び寂びは、心です。

オラオラは、物質です。

オラオラとは、上から力で押さえつけることではありません。

「こんなに素晴らしいオフィスにしたぞ」とか「こんなに給料を上げたぞ」ということです。

「こんなに高いプレゼントをあげているのに」という男性がもてないのと同じです。

物質は、どんなに報酬として与えても、満足できません。

それ以上を、期待し始めるからです。

大きな報酬を与えれば与えるほど、不満が募ることになります。

オラオラな報酬は、一瞬はモチベーションを上げることはできますが、すぐにモチベーションを上げる限界が来るのです。

オラオラな報酬は、オラオラな発想から生まれます。

オラオラは、拡大路線です。

会社の売上が、右肩上がりを前提にしたオラオラ路線は、部下のモチベーションアップには繋がらないのです。

逆に何かを減らすことで、部下のモチベーションを上げることができるのです。

成熟社会では四畳半ひと間の「侘び寂び」の茶碗の中に美を見出すことが大切です。

金より黒の中に美を見出す世界になっていくのです。

06

motivate your subordinates

二流は、「優良店」を目指す。
一流は、「名店」を目指す。

優良店はコストパフォーマンスがいいのです。

ランチもワンコイン（500円）で、なかなかいいものが食べられます。

立地もいいし、スピードも速いし、店もそこそこオシャレで快適です。

二流は、これを目指します。

一方、一流は名店を目指します。

中谷塾で、名店のランチはいくらぐらいかと聞くと、下は1000円から上は数万円まで出ました。

正解は、「名店はランチはやっていない」です。

昼やっている時点で、名店ではないのです。

サボっているわけではありません。

昼は仕込みをするとともに、働いているシェフや板前さんは勉強や準備をしています。

優良店は、24時間営業で、365日無休です。

そうなると、いつ勉強しているのか、いつ寝ているのか、いつ掃除しているのか心配になってきます。

名店は、昼の時間で、ひたすら自分と店を磨いています。
この時間があるかどうかで圧倒的に違うのです。

優良店は効率重視です。
安いものを高く売るかわり、宣伝費をかけて、お客様にたくさん来てもらうことで成り立っています。

顧客とは「便利」で繋がっています。
便利で繋がると、コンペティションが始まります。
より便利なところ、より便利なところへとお客様は流れていくのです。
名店は顧客と「リスペクト」で繋がっています。

お店とお客様との繋がり方は、上司と部下との関係にも当てはまります。
優良上司は、部下に便利を与えます。
名上司は、部下からリスペクトされます。

そこには、便利さ、コスパの共有ではなく、学びの共有があるのです。
優良店に来るお客様は、クレームもないかわりに、やる気もありません。
その店がダメなら、ほかに行けばいいだけです。
優良店が駅前にあるのは、駅から遠いと誰も行かないからです。
名店は、駅から離れていて不便です。
それでも、お客様は行くのです。
美術館には優良美術館はありません。
すべて名美術館なので、駅からの距離は関係ないのです。
遠い美術館に行こうと思うと、なかなかの運動になります。
「遠いから行かない」と言う人は、そもそも美術に興味のない人です。
やる気とは、「遠くて不便でも行く」ということなのです。

07

motivate your subordinates

二流は、
「したい目標」を持たせる。
一流は、
「捨てる覚悟」を持たせる。

二流は、部下に「目標を持て。その目標に日付を入れろ」という指導をします。

これでは部下は疲れてしまいます。

何かを始めても、デメリットにぶつかった時にくじけてしまうのです。

一流は、部下に目標のかわりに覚悟を持たせます。


「覚悟」とは、「なんでもする」ということではありません。

何を犠牲にするか、何を捨てられるかを決めるということです。


マンションを探す時に、覚悟のない人に不動産屋さんは協力してくれません。

覚悟のない人は、駅からの距離・広さ・築年数・セキュリティー・家賃など、どれも捨てられないのです。

「こんなところに住みたい」という希望は、みんな持っています。

不動産屋さんに「ご希望は？」と聞かれた時に、「新築で、広くて、家賃が安くて、治安がよくて、駅から近いところ」と言っても、そんな物件はありません。

不動産屋さんが一番やる気が出るのは、「部屋はどんなに狭くてもいいです」と言われた瞬間です。

「この人はスペースは気にしない」とわかって、探す基準が明確になるからです。

人間のやる気は、何かを捨てる時に湧いてきます。

何かを手に入れることでは湧かないのです。

10個手に入れても、そのうち1個でもなくなったら、やる気はなくなります。

最初から捨てるものを決めておく覚悟があれば、あとは増えていくだけです。

10点満点中8点でも、「6点でOK」と言われていた人は、やる気が出ます。

10点満点中10点を求めていた人が8点だったら、「マイナス2か」と思って、やる気がなくなります。

部下に持たせるものは、目標ではなく、何を捨てるかという覚悟です。

上司と部下は覚悟を共有します。

部下に辞めてもらいたくないと思うと、「悪いようにはしないから」と、妙な期待を持たせてしまいがちです。

これでは覚悟を持たせることはできません。

私の高校の同級生に東京外大のモンゴル語学科に行った人がいます。

当時の東京外大の学長に、最初に「モンゴル語学科は就職できないからね」と言われたそうです。

その学長もモンゴル語学科です。

そこですっきり吹っ切れます。

ヘンな期待は持たせないほうがいいのです。

その場しのぎのやる気の持たせ方が、最もやる気をなくします。

飲食店では、予約が取れないことが、お客様のやる気になります。

店の場所がわからない、レストランサイトに載っていない、看板が出ていない、メニューは店のご主人が決めるといったことが、すべてお客様のやる気に繋がるのです。

08

motivate your subordinates

二流は、
辞められることを恐れる。
一流は、
辞められることを恐れない。

二流は部下を指導することに困難を感じています。

部下との会話量もだんだん減っていきます。

とにかく部下に辞められることが一番怖いのです。

部下に辞められると、上司のペナルティーになります。

「どういう指導をしているんだ」と言われて、自分の査定に響くのです。

二流の第一目標は、部下に辞めないでいてもらうことです。

そのために、部下にやる気を出させようとします。

「やる気を出してもらう」と「辞められたくない」を天秤にかけたら、「辞められたくない」のほうが大きいのです。

そんな上司の下で、部下のやる気が出るわけがありません。

一流は、「いつでも辞めていいぞ」と言います。

「オレは、おまえがよそで1人で生きていけるように育ててやる。いつでも推薦状を書いてやるから、いつまでもこんなところにいないで早く辞めろ」と言うのです。

私は、博報堂の新人歓迎懇親会で、部長に「おまえは早く辞めろ」と言われました。

まだ誰が直属の上司になるかどうかわからない頃の話です。

そこで「早く辞めろ」と言える人は、やっぱり一流です。

会社を辞めるのは、部下が自分の人生を生きていくことです。

上司は、そのチャンスを生かすことを考えてあげます。

辞めることはマイナスではありません。

部下に「辞めてほしくない」と言うのは、部下へのしがみつきです。

自分の査定が傷つかないように、部下の未来を犠牲にするのです。


「この会社を辞めたら、おまえは絶対生きていけない」と、脅す上司の下にいては、一生芽が出ないのです。

辞められることを恐れて脅す上司の下にいると、部下はやがて「どうしたらクビにならないか」ということばかり考えるようになります。

クビにならない方法は、ミスを犯さないことです。

ミスを犯さないためには、トライしなければいいのです。
上司は上司で「うちの部下は挑戦心がない」と、文句を言っています。
それは自分がそう仕向けているだけです。
この負のスパイラルに入るのです。

部下にやる気がない原因は、部下に辞められたくない上司のホンネにあります。
部下の一生は、一生上司の下にいることではありません。
会社は学校で、上司は先生です。
成長させて卒業させるのが、学校の機能です。
やる気は成長から生まれます。
成長のないところに10年いても、パッとした未来は来ません。
そんなところにいて、やる気が湧くわけがないのです。

09

motivate your subordinates

二流は、
「働きやすさ」をつくる。
一流は、
「働きがい」をつくる。

二流は、社員にやる気を出させるために、「働きやすい環境」をつくろうとします。

どんなに働きやすい環境をつくっても、やる気とは関係ありません。

「働きにくいから、やる気が出ない」というのは、間違いです。

「働きやすさ」と「やる気」は関係ないのです。

働きやすいと、むしろ「やる気」よりも「働きやすさ」に気持ちが行ってしまいます。

「働きやすさ」とは、快適であること、お金になることです。

不思議なもので、給料が上がると給料が最初に目に入って、やりがいに目が行かなくなります。

やる気は、やりがいから生まれます。

給料が安いほうが、やりがいが見つかります。

「こんなに安い仕事をしているのだから、せめて何か面白いことはないのか」と、必死に探すからです。

「働きやすさ」は、「働きにくさ」を取り除いただけで、「働きがい」は生まれません。

マイナスを取り除くのではなく、プラスをつくることが大切なのです。

10

motivate your subordinates

二流は、
細部にこだわる。
一流は、
大きな流れを見る。

二流は、部下の仕事にやいのやいのと口を出します。

重箱の隅を楊枝でほじくるようなことをするのです。

これは役割分担ができていません。

チームは「プロデューサー」と「ディレクター」とで成り立っています。

TV番組の最後のクレジットにも、プロデューサーとディレクターの名前が出ています。

プロデューサーとディレクターは役割が違うのです。

ディレクターは細部にこだわります。

「ここの効果音をもう少しこうしたほうがいい」とか「ここの編集をもう1秒詰めようか」とか、細部を考えるのがディレクターの演出という仕事です。

プロデューサーのプロデュースという仕事は、

「番組全体が今伝えたいことは何なのか」

「今、この番組で何を伝えたかったのか」

「この3カ月のシリーズの中で何を伝えたかったのか」

という大きい流れを考えることです。
プロデューサーは、みんなディレクター出身です。
つい大きい流れをほったらかして、細かいところに口出しをしがちです。
上司は現場出身です。
現場には細かなこだわりがあります。
そのこだわりには個性があります。

二流の上司は、細かいこだわりに口を出して、大きい流れの仕事をしていないのです。
これは監督とピッチャーの仕事の違いと同じです。
監督がマウンドに上がって投げていては、ピッチャーはやりにくいのです。
すべての仕事において、ディレクターとプロデューサーとの役割分担があります。
ディレクターは、短期で結果を出します。
プロデューサーは、長期で利益を出します。
利益の出し方にも違いがあります。

ディレクターの利益の出し方は、生産性を上げることとコストを下げることです。

たとえば10時間かかるところを5時間でできるようにするのが、ディレクターの仕事です。

プロデューサーの利益の出し方は、次の収益になるものを見つけることです。

これが「付加価値をつくる」ということです。

生産性を上げることと、付加価値をつくることは、まったく別モノです。

上司の仕事は、次のビジネスモデルを見つけてくることです。

「おまえ、なんで電車で行かないでタクシーなの？」という細かい口出しは、上司のする仕事ではないのです。

11

motivate your subordinates

二流は、
やる気がなくてもさせる。
一流は、
やる気のないことをさせない。

「部下のやる気が出ない時に、どうしたら仕事をさせることができますか」という質問がよくあります。

一流は、やる気が出ない時は、その仕事をさせません。

あまり乗り気でないことがわかったら、「しなくていい」と言います。

やる気が出ないままさせても、いい結果が出ないからです。

お客様のところにイヤイヤ向かってクレーム対応をすると、そのクレームは炎上します。

イヤイヤすることで、やる気を奪われるのです。

1人のやる気がなくなると、周りの人のやる気もなくなります。

1つの仕事のやる気がなくなると、同じ人のほかの仕事のやる気もなくなります。

部下のやる気の湧かない仕事は、収益を諦めたほうがいいのです。

一番のマイナスは、たとえその仕事がうまくいったとしても、イヤイヤ感が残ることです。

私がかつてした仕事の中で、「このお客様の仕事はやめたほうがいいんじゃないか」と思う仕事がありました。

その時、上司は「ゴメンね、中谷君。ヘンな仕事に巻き込んじゃって。この仕事はやめよう」と言ったのです。

私は「一生この人についていこう」と思いました。

「ゴメンね、ややこしい仕事に巻き込んで。あとは頼んだよ」というパターンもありました。

自分のやる気が湧くかどうかは、上司によってまったく違うのです。

二流の上司は、やる気のない仕事をさせることが地獄の特訓だと思っています。

それで部下の根性を鍛えようとするのです。

根性を鍛える前に、部下はイヤになってしまいます。

そういう仕事をさせるのは、部下の成長よりも、お客様と売上にしがみついているからです。

ビジネスモデル的に、それで売上が上がったとしても、部下のやる気が下がったらアウトです。

時価総額はあくまで会社の株価の総体です。

実際の時価総額は、その会社の社員のやる気の総体です。

売上は景気でいくらでも変わります。

どんなに内部留保金があっても、消える時は一瞬で消えてしまいます。

そんな中で、社員のやる気だけは消えません。

業態転換したとしても、社員のやる気があれば、何をしても大丈夫です。

やる気だけは、業態が変わろうが、世の中の流れが変わろうが不変です。

仕事の中身は関係ありません。

「今日から出版社をやめて農業やるぞ」と言われても、やる気のある社員がそろっていたらできてしまいます。

「技術」も「お金」も財産ではないのです。

財産は、どうやって社員のやる気を増やしていくかです。

会社のお金を減らしても、社員のやる気が増えたら、それでその会社は生き延びられます。

それができる上司が生き延びていけるのです。

12

motivate your subordinates

二流は、
「速く完璧に」を求める。
一流は、
「リズムとバランス」を教える。

二流は、部下に速さと完璧さを求めます。
だから長時間労働になるのです。
レベルの低い仕事は完璧にできます。
本をつくるような高付加価値の仕事で、完璧はありえません。
どこまで行っても、改善点が無限に見つかるからです。
小学校のテストで100点を取るのとはレベルが違うのです。

一流の上司は、部下にリズムとバランスを教えます。
あらゆる習いごとは、先生や師匠から「リズム」と「バランス」を習います。
「スピード」は、単に速いことです。
「リズム」は、速さに緩急がついています。
ゆっくりでいいところと、速くするところがあるのです。
上司はそれを部下に教えます。
サッカーの強豪チームを見ていると、選手はあまり動いていません。

それでいて、ココ一番のスピードは猛烈に速いのです。

弱いチームはずっと走り回っていて、速い時と遅い時との差がありません。

動いていないと思っていたら突然速くなるのが、強豪チームの戦い方です。

上司が部下に教えることは、これです。

「もっと走れ」とか「ボールを取れ」と言っていてはダメです。

ボールポゼッション率も関係ありません。

ボールを相手に持たせて、それを追いかけるのが戦略です。

バランスは軽重です。

物事は、すべてが大切なのではありません。


一流の上司は、「ここはそんなに頑張らなくていいよ」と、「軽」を教えます。

「軽」があるから、「重」に集中できるのです。

お客様とのつき合い、仲間や上司とのつき合いにも、すべて緩急があり、軽重があります。

部下が覚えることは、上司はどこにお金をかけて、どこにお金をかけないかです。
または、上司はどこが速くて、どこがゆっくりかです。
上司もそれを教えます。
「全部速く、全部大切」と言う上司は、緩急と軽重を教えていません。
それでは部下は消耗します。
いざスピードを上げたい時、いざ重点的にしたい時に動けなくなるのです。
トータルのエネルギーには限りがあります。
トータルのエネルギーを増やすことはできないのです。

13

motivate your subordinates

二流は、
部下と家族になる。
一流は、
つかず離れずの距離を保つ。

二流はベッタリとした関係を理想とします。

部下にも「上司といえば親も同然、部下といえば子どもも同然」と言っています。

違います。

上司と部下は、比較的近くにいる他人です。

近づきすぎるから、いろいろな不具合が発生するのです。

二流の上司は、部下が一緒に飲みに行かないと、「なんで最近の若いヤツは一緒に飲みに行ってくれないのか」と、寂しがります。

夜、部下をごはんに誘ったのに、「もう食べました」と言われます。

「そういう意味じゃないだろう。上司がごはん食べようと言ったら、話したいということじゃないのか」と怒っているのです。

部下は部下で、「家族でもないのに、なんで上司とごはんを食べなければいけないのか」と思っています。

家族の中で、お父さんが「一緒にごはん食べよう」と言うのは別にいいのです。

二流は部下に家族的な関係を求めます。

自分が家で家族の扱いを受けていないからです。

家庭の構造を会社に持ち込んで、会社を家に、部下を子どもにしてしまいます。

「部下」と「子ども」の区別がついていないのです。

セクハラが起こるのも当然です。

お父さんがお風呂から上がってきて、子どもの前でパンツ一枚でウロウロ歩くようなことをしているのです。

「それは家でやってください」という話です。

一流の上司は、部下に対して「比較的近くにいる他人」「比較的仲のいい他人」という割り切りがあります。

自立するということは、自分も大人、相手も大人ということです。

二流は、部下を子どもとして扱います。

一流は、部下を大人として扱います。

世界の企業を見ると、タイムカードのない会社が伸びています。

タイムカードをなくしたのは、お互い大人だからです。

タイムカードは、子ども扱いしたやり方です。

勤務時間をごまかすのは、子どものすることです。

大人は、タイムカードなどなくても、自制心で勤務時間をちゃんと管理できます。

タイムカードがあることによって、かえって遅刻や残業が増えます。

何時に帰ったかがバレてしまうからです。

あまり早く帰ると、上司に「仕事をしないでサボっている」と思われます。

それがイヤで残業するのです。

大切なのは、部下を大人扱いすることです。

いちいち言わなくてもいいのが大人で、いちいち言わなければならないのが子どもです。

大人と大人の関係は、一定の距離感を持って、つかず離れずです。

その距離の長さは、少し寄ったり、少し離れたり、弾力性を持っています。

ウエットよりも少しドライな関係が、大人の関係なのです。

14

motivate your subordinates

二流は、「未来永劫《えいごう》」。
一流は、「一期一会」。

「一期一会」は、茶道の言葉です。

「今日別れたら、一生会えないかもしれない」という気持ちで今日を過ごすという意味です。

会社でも、「この部下は、来月は会社を辞めているかもしれない」という気持ちで接するのが、相手を大人として扱うということです。

そう思うと、接し方が丁寧になります。

一流の上司は「一期一会」で部下に接します。

二流の上司は「未来永劫」で部下に接します。

「おまえは、とにかく一生ここにいるんだから」と言うのは、甘えです。

「いるのが当たり前。来月もいるだろう」という思い込みがあるのです。

二流の上司は、部下に「辞めます」と言われた時に「裏切られた」と感じます。

部下は自分の人生を生きているだけです。

したいことが見つかって、そちらへ行くのです。

裏切ったわけでもなんでもありません。

明日、部下が辞める可能性もあります。

ひょっとしたら、自分がクビになる可能性もあります。

会社がなくなることもありえるのです。

今日一緒に仕事をしているのは、「一期一会」の偶然が重なり合った稀有《けう》な幸運です。

そう思うと、感謝の気持ちが湧いてくるのです。


プロフェッショナルは「一期一会」です。

CMの撮影は、ディレクター・カメラマン・照明・ヘアメイク・出演者が、その都度座組みして、その都度解散します。

だから一生懸命できるのです。

「未来永劫続く」という思い込みが、その一瞬一瞬に対する油断になります。

感謝の気持ちも忘れてしまいます。

「今日も会えたね。ラッキー」という気持ちが、「一期一会」で続いていくということです。

明日は会わないということではありません。

「明日、会えるかどうかわからない。会えたらまた一緒にやろうね」というぐらいのつもりでいることが大切なのです。

15

motivate your subordinates

二流は、
辞めた社員の悪口を言う。
一流は、
辞めた社員をほめる。

部下が独立して自分で会社を立ち上げようとしている時に、二流は「飼い犬に手を噛まれた」と言います。

「オレがいなくてもやっていけるようにしろ」と言いながら、辞めると怒るのは矛盾しています。

その上司の元から何人の部下が独立して成功しているかが、部下のやる気に繋がります。

引き止められるのは、期待されているからではありません。

上司が自分の査定に傷をつけたくないからです。

優秀な部下には「おまえのやりたい人生を生きていけ」と言うのが、本当の一流の上司です。

部下が独立したら応援し、成功したら一緒に仕事をします。

推薦状を書いて辞めさせた時に、ほかの社員のモチベーションが上がります。

「辞めたい」と言ってもなかなか辞めさせてもらえないと、その下にいる人間のモチベーションは一気に下がるのです。

もっとひどいのは、「おまえをこの業界で生きていけないようにしてやる」と、脅すことです。

そうなると、言われた本人だけではなく、辞めようと思っていない部下までモチベーションが下がります。

「この上司、器が小さいな」と見くびられるのです。

部下が辞めて、自分の会社をつくります。

ひょっとしたら、その会社が上場して、一緒に仕事をしたり、役員として来てもらいたいと言われることもありえます。

リクルートでは、辞めた人間が元いた会社と仲がいいのです。

それが社員のやる気に繋がっています。

辞めた人間を応援できる上司の下で、辞めていない部下のやる気が出ます。

人間は、「この人は一生応援してくれる」と思うと、辞めないのです。

「いつでも辞められて、辞める時には応援してくれる」という状況の時に、「自分はここでもう少し頑張ろう」という気持ちになるのです。

chapter 2

上司は、仕事を通して、生き方を教える。

16

motivate your subordinates

二流は、
勉強させてから、体験させる。
一流は、
体験させて、足りないことに
気づかせる。

成長するためには、「勉強」と「体験」が必要です。
ここで「どちらから先にすればいいんですか」という質問が出ます。
「どちらからでもいいよ」と答えると、相手は迷います。
上司は、部下からのどんな答えにくい質問にも答える義務があります。
答えにくい質問に答えていくことに、その人の価値観があらわれます。
誰が見ても、これが一番、これが二番とわかることは、価値観ではありません。
それは、道徳・一般常識・先入観・固定観念です。
どちらでもいいところで何を選ぶのかが、価値観です。
二流は、「勉強」させてから「体験」させます。
「先に勉強しないと失敗するから」と言うのです。
これをすると、「いつまでも話せない英語」になります。
日本の学校は、さんざん勉強させて、体験をさせないのです。
一流は先に「体験」させます。
体験すると、自分に何が足りないかがわかります。

亡くなった中尊寺ゆつこさんは、ニューヨークに2年住んでいながら、「中谷さん、やっぱり英語は文法が大切。学校の英語は大切」と言っていました。

英語で大切なのは、発音とかヒアリングとかではなく、文法です。

それは実際に海外に住んでみないとわからないことです。

体験しないで「文法が大切」と言う人と、体験してから「文法が大切」と言う人とでは違うのです。

本屋さんに行くと、英語コーナーにたくさんの本が並んでいます。

文法が大切、単語が大切、ヒアリングが大切、発音が大切……、いろいろな本があって、どれが一番いいのかわかりません。

この時、体験があれば、足りないものがズバッとわかります。

体験がないから、自分に何が一番不足しているかがわからないのです。

一流の上司は、部下に痛みを感じさせます。

自分に何が足りないかを切実にわからせるのです。

「体験」とは恥をかいて痛みを覚えることです。

そうすれば、何をすればいいかがわかります。

「とにかく勉強しろ」と言っても、何から始めていいかわかりません。

一番わかりやすい例が英語です。

実際に外国に行って体験した人は、名詞はちょっとやそっとわからなくても大丈夫ですが、動詞がわからないと皆目生きていけないことを実感します。

だから、「単語は動詞から覚えていく」という勉強の仕方になるのです。

勉強する時は、名詞のほうが楽しいのです。

取っつきやすいので、ついつい名詞から勉強しがちです。

それでは遠回りです。

いつまで経っても英語で話す自信が持てません。

やる気も起きなくなります。

英語の失敗を仕事で繰り返してはいけないのです。

17

motivate your subordinates

二流は、「熱く」させる。
一流は、「淡々と」させる。

二流は、部下をいかに熱くさせるかを考えます。
一流は、部下をいかに熱くさせないで淡々とさせるかを考えます。

熱くさせるのは、ムダな消耗です。

ブンブンブンとアクセルを踏み続けることほど、ガソリンのムダづかいはありません。
人間なので、熱くなる瞬間はあります。

部下が熱くなりすぎないように持っていけるのが、一流の上司です。
二流は、「頑張れ、頑張れ」と言って、余計熱くさせます。
人間には波があります。
熱い時と冷めている時があるのです。
冷めている状態、熱い状態がずっと続く人はいません。
二流は、熱い時はもっと熱く、冷めている時も熱くしようとします。
これでは疲れてしまいます。
「やる気がない時があるんですけど、いいんでしょうか」と言う人がいますが、やる気のない時があるから、やる気のある時が生まれるのです。
やる気のない時に体を休ませて、次のやる気の準備をしておきます。

ずっとやる気を出させたら、その人は壊れてしまいます。
これが「ウツ」の状態です。
ウツは、やる気の対極にあるものではありません。
「やる気のある人」と「ウツになる人」は同じグループです。
ウツになるのは、「まさかあの人が」と言われる人です。
最初からやる気のない人は、省エネしているので、ウツにならないのです。
ウツは疲労から来ます。
初期の段階で周りがウツに気づいたら、「休め」と言われます。
3日ぐらい休むと元通りになります。
ところが、ウツになっても、周りに気づかれないのです。
ウツになり始めた人は、ムリに頑張るからです。

ウツであることがバレないように、ウツをカモフラージュして元気さを装います。

双極性ではなく、無理にハイテンションを装っているのです。

モチベーションを上げると、エネルギーが消耗します。

上司の仕事は、モチベーションをコンスタントに継続させることです。

部下のモチベーションが、必要以上に上がっている時は、冷静にさせることも必要です。

上司は部下を淡々とさせることが大切なのです。

18

motivate your subordinates

二流は、
外より「優しく」する。
一流は、
外より「厳しく」する。

二流は部下を甘やかします。

「甘やかす」とは、ラクにさせることです。

本当の優しさは、部下を世間の荒波に負けないようにすることです。

世間の冷たい風が厳しく感じないように育てるのです。

そのためには、外より厳しくします。

上司がクライアントよりも緩かったら、クライアントが厳しく感じます。

その点、私はラッキーでした。

私を育ててくれた上司は、クライアントより、はるかに厳しかったのです。

「これはどうなんだ、こうなったらどうするんだ、万が一のことがあったらどうするんだ、法律的にはどうなんだ、コンプライアンスはどうなんだ、クレームが来たらどうするんだ、事故があったらどうするんだ……」と、徹底的に追及されました。

クライアントへのプレゼンよりも社内プレゼンのほうが厳しいので、クライアントへのプレゼンは、ラクでした。

中には、社内プレゼンの段階でウツになる人もいます。

私がそれを乗り越えられたのは、上司より家の教育のほうが厳しかったからです。

上司の厳しさは、家の教育に比べたら、まだ緩いのです。

社会に出てひきこもる人は、親が優しすぎるのです。

親が厳しいと、社会のほうが緩いから子どもは外へ出ていきます。

本当の優しさは、外よりも厳しく育てることです。


ゴルフのメンタルコーチは、選手がパットをする時、わざと、くしゃみをしたりします。

ソムリエの先生は、生徒を指導する時、わざとグラスを落としたりします。

ＮＡＳＡのインストラクターは、宇宙飛行士を訓練する時、わざと空のボンベを渡します。

本番をラクにするためには、練習を厳しくします。

練習を優しくすると、本番が厳しくなります。

しんどくなって、やる気がなくなるのです。

甘やかすことは、先にラクを与えることです。
結果、あとから厳しくなります。
あとにラクを与えるのが本当の優しさなのです。

19

motivate your subordinates

二流は、
仕事と人生を切り離す。
一流は、
仕事を通して生き方を変えさせる。

二流は、「仕事はここまで、人生はここまで」と、仕事と人生とを切りわけて考えます。

一流は、仕事を通して生き方を変えていきます。

部下にも、仕事をしながら自分はどう生きていくべきかを学ばせます。

「仕事」という行為が生き方に反映するのです。

二流は、「仕事がつらかったら、休みの日に気分転換しろ」と言います。

これは「仕事」と「余暇」というわけ方です。

仕事は習いごとと同じです。

余暇に習いごとをして人生が変わらないのは間違っています。

習いごとをすることによって、その人の生き方、生き様が変わっていくのが正しい習いごとのあり方です。

私も習いごとをすることで、私の仕事のやり方、生き方に迷いがなくなったのです。

仕事は、単に生活費を稼ぐためのなりわいではありません。

仕事を通して、人間的に成長して、生き様を変えていけるようにするのです。

そういう考え方ができるのが、一流の上司です。

20

motivate your subordinates

二流は、
根性をつけさせる。
一流は、
科学的にできるようにする。

二流は、とにかく根性で勝とうとします。

一流は、科学的に勝とうとします。

むしろ「根性を出すな」と言います。

根性を出した時点で、ムダな消耗になるからです。

根性は、いっさい出さずに、科学的にすればいいのです。

「科学的」とは「合理的」ということです。


太平洋戦争で、日本は経済力とか生産力で負けたのではありません。

科学性で負けたのです。

科学性より根性で勝とうとしたからです。

根性では、小さいところではうまくいっても、大きいところでは勝てません。

航空母艦から戦闘機が離陸する仕組みを考える時に数学者を混ぜれば、一瞬で「こういう仕組みにすれば圧倒的に速い」と言ってくれます。

数学者は戦争には興味がありませんが、パズルを考えるのは大好きです。

ところが、日本は「シロウトは黙っていろ」と言ったのです。
数学者は、戦争はシロウトでも、パズルはプロです。
それなのに、根性論で数学者に鉄砲を持たせて走らせたのです。
それは数学者にとって最も苦手な行為です。
頭脳プレーが得意な数学者にヘルメットをかぶせて戦わせるのは、最低です。

たとえば、日本の空母や戦艦はトイレの数が少ないのです。
トイレで敵を沈めることはできません。
敵の船を沈めるのは爆弾です。
それでトイレのスペースをつぶして爆弾を搭載したのです。
結果、朝ごはんを食べたあと、みんながトイレに並ぶことになります。
そこを敵に狙われました。
朝食の時間を調べて、そのあとにみんながトイレに並んでいる時に攻撃したのです。
日本軍はトイレをガマンして作業が始まります。

アメリカ軍は、トイレの数を増やしたほうが並ぶ時間が節約できると考えました。
これが科学です。
根性論は、まったく非科学的です。
根性論では事故が起こります。
バスの運転手さんが事故を起こすのは、寝ていないからです。
画期的なアイデアも、寝ていないと出てきません。
アメリカ軍のパイロットは、休みの前日と休み明けに戦闘に入りました。
「これをしたら明日と明後日は休み」と思うと、人間は頑張れます。
または、2日休んだあとの元気なパイロットが来るので、強いのです。
一方、日本軍は休みが未来永劫ないのです。
これでは、とうてい勝てません。
「根性」対「科学」なら、「科学」の勝ちです。
やる気は科学から生まれるのです。

21

motivate your subordinates

二流は、
マニュアルを教える。
一流は、
マニュアルの理由を教える。

上司が部下に「シャケのおにぎりを買ってきて」と頼みました。

部下は、シャケがなかったので何も買わずに帰ってきました。

上司が「なかったら、なんでもいいのに」と言うと、「だったら、そう言ってくださいよ」と言うのです。

上司は、このあと、仕事が続いていて食べる時間がなかったから、部下におにぎりを買ってきてと頼んだのです。

マニュアルには理由が書かれていないのです。

「なんのためにそれをするのか」がないと、「シャケのおにぎりがなかったので買ってきませんでした」ということが起こります。

「普通わかるだろう」ということではありません。

理由を言っていないほうが悪いのです。

マニュアルをつくった人間は、理由がわかっています。

マニュアルを使う人間は、理由がわからずに使っています。

理由を教えるのが上司の仕事なのです。

22

motivate your subordinates

二流は、
やる気のある人間に育てる。
一流は、
やる気のある人間がすることを
教える。

二流の上司は「どうしても部下のやる気がないんですよ」と言っています。

大切なのは、部下を「やる気のない人間」と思わないことです。

一流の上司は、「部下はやる気はあるのに、やる気の出し方がわからないだけ」と言っています。

二流は、「頑張って、やる気のある人間になれ」と言います。

一流は、「やる気のある人間は、こうしているよ」と教えます。

「おまえはやる気のある側の人間だから、やる気のある人間と同じやり方を覚えろ」と言うのです。

「おまえはやる気のない人間だから、頑張ってやる気のある人間になれ」という教え方は間違っています。

受験勉強でも、「おまえの今の実力では東大は受からない。これをしたら東大に受かる学力がつく」と言われても、モチベーションは上がりません。

それよりも、「東大に受かった先輩は、みんなこの勉強をやっている」と言ったほうが、やる気が出るのです。

23

motivate your subordinates

二流は、「会議」を増やす。

一流は、「会話」を増やす。

二流は、とにかくコミュニケーション量を増やそうとします。
何かというと、すぐ会議です。
ミーティングや打ち合わせ、会議のために、とりあえず会議室を押さえます。
仕事が終わってからも、飲み屋に行って会議の延長戦をするのです。
会議を増やすと、会話が減ります。
会話が減ると、会議が増えます。
会議と会話は反比例の関係です。

一流は、会議を減らして、会話を増やします。
トイレや廊下でちょっと話すとか、短く、非公式な、非会議的な立ち話が多いのです。
ここからアイデアとやる気が生まれてきます。
男性の場合は、トイレでのやりとりがけっこう多いのです。
私も、博報堂の時代に役員にトイレで会った時に、
「おっ、どうだ?」

「なかなか大変です」

「大丈夫、大丈夫」

と言われました。

それだけで、2時間の会議より、はるかにほっとします。

これが一番大切なコミュニケーションです。


二流は、「コミュニケーション」イコール「会議の情報交換」だと思っています。

「何かある？」と聞くのです。

それは実《み》のない時間になります。

そこで時間が奪われて、「この時間に仕事をさせてくれよ」と言いたくなります。

最も密度の薄い時間になるのです。

今はスマホがあるので、会議中にみんながスマホを見て別のことをしています。

マンガ喫茶状態です。

そんな会議をいくら増やしても、二流の上司の自己満足にしかならないのです。

会話を増やそうと言うと、二流の上司は「昨日ね……」と自分の話をします。

僕が、師匠の藤井達郎さんから言われたのは、「中谷の書く時には、なんで隷書《れいしょ》が入ってるんや」という雑談です。

高校時代に出会った古い書体の隷書を普段コピーを書く時にも使っていたからです。

自分のことではなく、相手についてのことをテーマにするのが、一流が具体的にしていることです。

24

motivate your subordinates

二流は、
部下との距離感がわからない。
一流は、
雑談で距離感をつかむ。

セクハラが起こるのは、距離感がわかっていないからです。

本人はセクハラだとは思っていないのです。

距離感をわかっていない人が、いきなりオシャレな口説き文句を言うと、相手はびっくりするし、気持ち悪いです。

同じ口説き文句でも、それまでの話のやりとりで、相手との距離をわかった上で、「これは大丈夫」という流れの中で言うならいいのです。

言ったあとも、そのセリフを中和するセリフがあれば、セクハラにはなりません。

「セクハラ」と言われる人は、そもそも雑談量の少ない人です。

部下との適切な距離感がわかっていないのです。

部下との距離感を測るのに一番いいのが雑談です。

「これ以上近づいてはいけない」という限界値は、雑談でわかります。

雑談でひと言ふた言やりとりすると、相手から返ってくる言葉のトーンとか表情で、「今は話しかけてはいけないんだな」とわかります。

「今はフランクな空気だな」ということがわかるのです。

25

motivate your subordinates

二流は、
部下を怖がらせる。
一流は、
リスペクトで繋がる。

二流の上司は、部下にやる気を出させる時に、ビビらせたり怖がらせたりします。
恐怖政治をしてしまうのです。
一流の上司は、部下を動かす時にリスペクトさせます。
「リスペクト」と聞くと、二流は自慢話を始めます。
「オレはこんなに凄いんだぞ」と自慢するのです。
しかも、その自慢話が古いのです。
そんなことでリスペクトは生まれません。
一流は、仕事とは関係ない教養の話ができます。
たとえば、仕事ではあまり目立たなくても、美術や日本の芸能に詳しい人がいます。
「エッ、お茶やってんの？」と、ビックリすることもあります。
そこで突然、違う側面が見えて、教養の深さがわかります。
リスペクトは、仕事ができるかできないかは関係ありません。
上司である前に、人間として「この人はカッコいい」と思えるかどうかです。
人間は仕事だけでなく教養の部分でリスペクトできるのです。

26

motivate your subordinates

二流は、「理論」で教える。
一流は、「物語」で伝える。

二流の伝え方は、セオリー・理論・方程式です。
「大切なことは3つ。1つ目は○○、2つ目は△△、3つ目は××」と教えます。
一流の伝え方は、「こんな人がいてね」という物語です。
物語は、構成が決まっています。

① 主人公がいること
② 主人公に弱点があること
③ 弱点があるにもかかわらず、ピンチを迎えること
④ 試行錯誤を繰り返して、そのピンチを乗り越えていくこと
⑤ ピンチを乗り越えることによって新たなものを獲得すること

これが「物語」です。
物語は、セオリーを1つも語りません。
それでも、聞いた人が「あ、なるほどな」「そんな人がいたんだ」と感じます。
やる気が湧いてくるのは、「そうか、そんな人がいるんだ」と気持ちが動くからです。
一例の話だけで、「そういうこともあるのか」とわからせるのが一流なのです。

27

motivate your subordinates

二流は、
義務感でさせる。
一流は、
責任感を与え、使命感に伸ばす。

やる気は、義務感からは生まれません。

二流は、「これはしなければならないんだ」と、MUSTを押しつけます。

義務感は最もやる気がなくなるのです。

義務でしていることの一番の喜びは、ラクになること、手を抜けること、少しでも逃れられることです。

一番わかりやすい例が掃除当番です。

掃除当番は、いかにサボってバレないかが勝負です。

「先生の机の下はしなくてもバレないんじゃないの。しかも、掃除しても自分たちの手柄にならない。しなくても、明日見つかったら、自分たちじゃなくて明日の当番の責任だもんな」と考えます。

それに対して、一流は、責任感を与えます。

やる気は責任感から生まれるのです。

これが「係」です。

私は小学生の時、給食係をしていました。

給食を45人ジャストにわけるのはむずかしいです。

おかずや汁ものには具があるからです。

具も均等に45人にわけるのはなかなか大変です。

ほかには、国旗掲揚の係もしました。

「君が代」のスローな曲に合わせて、最後にみんなが感動するジャストのタイミングで、国旗が時計台の上にパッと抜けて、風にバタバタとなびかせるというのが理想です。

それをいつもドンピシャにしたいのです。

最後にキューッと急いだり、早く揚げすぎて上で待っているのはカッコ悪いです。

国旗掲揚をいい間《ま》でするためには、工夫がたくさん生まれます。

そうすると、いつしか責任感が生まれます。

やがてそれは「これをするのは自分じゃないとダメ」という使命感に変わるのです。

私はサラリーマン時代に、退職するまで、150人の忘年会の幹事を担当していました。

最初は義務でしていましたが、いつの間にか責任感が生まれ、「これは僕がしないと、ほかにできる人がいない」という使命感に変わりました。

会社を辞める時も、「エッ、辞めても忘年会の幹事だけ来てくれないか」と言われて、「来ようかな」と思ったほどです。

ギャラは関係ありません。

社員ではないのに忘年会の幹事だけに行くのは、余人にかえがたい人間になっているということです。

MUSTでしていると、そのやる気は湧いてきません。

責任感はCANです。

使命感はWILLです。

部下に「私がします」という使命感を持たせるのが、一流の上司なのです。

28

motivate your subordinates

二流は、勇気を求める。
一流は、希望を与える。

人間は、チャレンジしようと思うと、失敗した時のリスクを考えます。

リスクを取らなければならないとなると、行動するには勇気がいります。

たとえば、お客様のクレーム対応をすることになりました。

上司から「お客様のところにこれから謝りに行って」と指示された部下は「いや、なんか怖いです」と言いました。

クレーム対応は怖いからです。

中には、「勇気出せ、おまえ。得意先の社長は日本刀が趣味だから、万が一、日本刀を向けられても逆らったらダメだぞ」と言われてクレーム対応に行った人がいます。

「勇気出せ」と言われた瞬間、「怖いことなんだな」と、余計に思ってしまいます。

「勇気」という言葉で、怖い印象を持つからです。

一流は、「先方の社長さんは、ちゃんと言ったらわかってくれる人だから」と、部下に希望を与えます。

「日本刀が出てきた時はチャンスだぞ。向こうの社長は試してるんだ。おまえの先輩で、日本刀を肩にポンと置かれて、それでも新しい仕事を取ってきたヤツがいる」という話を聞くと、「その流れか」と安心します。

これを「未来の組み立て」と言うのです。

希望は、いいことが起こると想像することではありません。希望とは、未来を組み立てることです。

日本刀が出てくる→試されている→そこからもう1つ仕事を取ってこられる→そのあと、ずっとお気に入りの指名の担当になるというのが未来の組み立てです。

やる気がなくなる人は、未来が組み立てられないのです。

上司は、「こうなって、こうなって、こうなるんだよ」と、部下に対して未来を組み立ててあげればいいのです。

手順はシンプルになっていることが大切です。

それに加えて、「ただ、気をつけるところはココ」という注意点も必要です。

この3つプラス1が、未来の組み立てであり、希望に繋がるのです。

chapter 3

上司は、会話を深めて、学びを共有する。

29

motivate your subordinates

二流は、
とにかくやらせる。
一流は、
工程表をつくる。

たとえば、震災で崩れた瓦《が》れきの片づけは膨大な量の仕事です。

その町の通常のスピードで片づけたら23年分という大量の瓦れきが出ると、「これは永遠にムリじゃないの？」と、普通は思います。

そもそも、子どもの学校の勉強と大人の勉強は違います。

大人の勉強は、膨大な量の仕事を長い期間で行う必要があります。

その時にやる気を湧かせるためには、工程表をつくることです。

まず、全体を3期にわけて、1期はAをする、2期はBをする、3期はCをするという工程を考えます。

次に、それぞれの1期を1カ月ごとにわけて考えます。

それをさらに1週間ごとにわけて、休みを決めます。

「まず動線をつくりましょう」というところから始めるのです。

膨大な量の仕事をこなさなければならない時は、「今日はここまですればいい」とわかる工程表をつくることが大切なのです。

30

motivate your subordinates

二流は、
部下にラクをさせる。
一流は、
むずかしい問題をさせる。

モチベーションは、簡単な仕事では逆に上がりません。

むずかしいほうがモチベーションは上がるのです。

「モチベーションのために、もう少し簡単にしてあげる」と言う二流の上司は間違っています。

「もっと簡単に、もっとラクにしよう」とすると、しんどさだけが印象に残るからです。

たとえば、市民ランナーでマラソンをリタイアした人は、「42・195キロがしんどくなったから100キロにするわ」と、ウルトラマラソンへ行きます。

フルマラソンはスピード競争です。

そうすると、体のあちこちが筋肉痛になります。

100キロマラソンは筋肉痛にならないそうです。

次に、「今度はトライアスロンをするんです」「トレイルランをします」と言います。

究極は「サハラマラソンに行きます」「南極アイスマラソンに行きます」と、どんどん難易度を上げます。

難易度を下げると続かないからです。

あらゆる物事は、簡単にすればするほどしんどくなってしまうのです。

31

motivate your subordinates

二流は、
要求レベルを下げる。
一流は、
要求レベルを上げる。

二流の上司は、「誰でもできるようにしてあげるよ」と、部下の仕事を簡単にします。

これが一番やる気が出ないのです。

仕事が単調になってしまうからです。

刑務所に入って看守さんに嫌われた人は、単純作業をさせられます。

何か彫り物をしたり、机をつくっているほうがよっぽどいいのです。

「おまえ、もっとラクな仕事にまわしてやる」と言われて、まず折紙を３００枚渡されます。

「これをこうやって1回、２回で折れ。できたら報告しろ」と言われます。

「できました」と報告すると、「できたね。今度は広げて」と指示されます。

これが最も簡単な単純作業です。

「簡単な仕事をしていればいいよ」と言う優しい二流の上司は、部下のやる気を奪っているだけです。

厳しい上司から、高いレベルを要求されることは幸せなのです。

32

motivate your subordinates

二流は、受け身にさせる。
一流は、自発に変える。

二流は、「しなくていいよ」と、ひたすら部下を受け身にさせます。

一流は、部下を自発にさせます。

部下が自発的に仕事をし始めたら、上司がそれをコントロールしていくのはめんど臭いです。

逆に、受け身の部下を持つとラクです。

部下は上司の言うことをなんでも聞くからです。

部下が「こんな仕事をしたい」「あんな仕事をしたい」と言い始めると、それに対応する上司は大変です。

だからこそ、自分がラクな受け身の部下を望むのです。

「うちの子、私がいないと本当に何もできないんだから、困ったわ」という、過保護のママの状態でいたいのは、二流の上司なのです。

33

motivate your subordinates

二流は、
部下を「消費者意識」にさせる。
一流は、
部下を「生産者意識」に変える。

二流は、部下を消費者やお客様の意識にさせます。

お客様は便利を求めます。

「あれして」「これして」という受け身の意識です。

消費者の意識でいる人は、

「もっとほめてほしい」

「感謝してほしい」

「こんなにしているんだから、お給料も欲しい」

「休みも欲しい」

「福利厚生はどうなっているんだ」

「もっと会話してくれ」

と、いろいろなことを求めます。

生産者の意識は、

「もっといいものをつくろう」

「もっと世の中の役に立つものをつくろう」

「もっと世の中をハッピーにしていくものをつくろう」

「どうしたらもっと人助けになるものをつくれるか」

と考えることです。

部下は、消費者にも生産者にもなれます。部下をどちら側にするかは、上司の持っていき方次第です。

生産者意識になった瞬間に、「あれがめんど臭い」「これがイヤだ」という部分の文句はなくなります。

逆に、部下がお客様の意識になった瞬間にアウトです。

「部下を怒らせないようにしよう」「辞められないようにしよう」「訴えられないようにしよう」と気を遣い始めると、いろいろな「○○してはいけない」が生まれます。

上司が部下のサービスマンになっている状態です。

それは、位置づけ的には間違っています。

そうなればなるほど、部下は「自分はお客様なんだな。お客様だったら、いろいろ文句を言わせてもらおうか」という気分になります。

お客様意識は、一番不満がたまるのです。

中谷塾は、生徒が机を出したり、片づけたりします。

「お金を払って授業を受けに来ているのに、なんで机を並べなくちゃいけないんだ」と文句を言う人はいません。

自分たちでつくっている意識だからです。

これは私の実家のスナックの仕組みと同じです。

実家のスナックでは、お客様がカウンターの中でグラスを洗っています。

お客様としてお店に行って、カウンターの中でグラスを洗えるのは名誉なことです。

常連になって初めて許される行為だからです。

「ちょっと電話に出て」「シャッター閉めといて」「片づけといて」「そこ、拭いといて」と言われて、お店の側にまわることによって、お客様は凄くハッピーになります。

お客様も、お店の人にこき使ってもらったほうがうれしいのです。

「お客様ではないぞ」という一体感をみんなが感じられるように、私は敢えて机の出し入れやあと片づけを中谷塾の生徒たちにさせているのです。

34

motivate your subordinates

二流は、
想定外のミスと言う。
一流は、
ミスを共有する。

人間は、ミスが起きると、テンションが下がります。

ミスが起きた時、二流は「想定外のミス」という形にします。

本当は、想定外のミスなどありません。

一度でも誰かに起きたミスは、ほかでも起こりうることです。

部下が起こしたミスを「ここだけの話にしておこう。黙っておいて、オレが握りつぶしておいてやるから」と内緒にしたから、よそでも起きてしまうのです。

ミスが起きた時は、「こっちでこんなことが起きているから、そっちでも起こるぞ」と、みんなで共有すればいいのです。


どこかで地震が起きたら、「日本中どこで起きてもおかしくないからね」という気持ちでいることです。

どこか1カ所で起きたことは、みんなが当事者意識を持つ必要があります。

「あっちの地域に住んでいなくてよかった」という問題ではありません。

誰かに起きたことは自分にも起こります。

他人事では済まないのです。

すべての部下には当事者意識を持たせて、傍観者にさせないことです。

1人に起きたミスは、その再発防止策を考えてみんなで共有します。

それによって、今度別の人に同じミスが起きた時に「来たな、これ」「この間起きたあれだ」という印象になります。

「まさかこれが自分のところにも起こるとは」と思うのは、事前にそのミスを知っていたからまだいいのです。

知らなければ「とんでもないことが起こった」と、毎回考えてしまいます。

普通は、アイデアはみんなで共有して、ネガティブな情報は、できるだけ共有したくないと考えがちです。

上司は、部下がミスをしても「みんなを代表してミスをしてくれた」という捉え方をすることが大切なのです。

たとえば、コンビニの店員が、お買い上げ商品の精算を全部終えて、袋詰してから、店内で入れるコーヒーカップを渡したら、クレームになりました。
「カップを先に渡してくれたら、待ち時間が減ったのに」というクレームです。
これは、まっとうな意見です。
店員は、良かれと思ってしていて、気づかなかったことです。
わざとミスをしたわけではありません。
結果として、代表としてミスをしたナイスプレーになったのです。
それ以降、先にカップを渡すことで、ほかの店員が叱られずに済むからです。

35

motivate your subordinates

二流は、
背中で教える。
一流は、
口と身体で教える。

二流は、昔ながらの背中で仕事を教えるのが好きです。
本当は、口で教えるのがヘタすぎるから、「背中で覚えろ」と言うのです。
教える努力をしていないということです。
たしかに、背中で覚えることが通用した時代はありました。
それは世の中がのんびりしていた時代です。
速いスピードの時代では、背中で教えていては間に合いません。
背中を向けている間に辞めてしまうからです。
部下は、世の中のスピードが猛烈に速いから、自分も早く成長したいのです。
そのためには、背中よりも口と身体で教えたほうが圧倒的に早いです。
一流は、口と身体で教えます。
教わっても、実際はなかなかできません。
それを背中で教えようとするのは、まるで石器時代です。
石器時代は、1つの石器の新型機種が出るまで3万年かかりました。
3万年経っても同じ石器なのです。

それほど石器の形は長い間変わらなかったのです。

今は、ケータイ電話ですら3カ月で次の機種が出ます。

そんな時代に「背中で覚えろ」と言ってもムリです。

その上、教えたことがなかなかできない部下に対して、「いつになったら覚えられるんだ」と言います。

それは教える努力を怠っています。

部下の教わり方がヘタなのではなくて、上司の教え方がヘタなのです。


上司の仕事は、部下の時間の節約をしてやることです。

試行錯誤をゼロにすることはできません。

それでも、5回の試行錯誤を3回で済むようにすることが、後継者にリレーしていくということです。

上司が5回の試行錯誤をして、部下がまた5回試行錯誤しなければ覚えられないというのでは、その上司のいる意味がありません。

これは勉強でも同じです。
本を読むことで試行錯誤の回数をゼロにすることはできません。
ただし、試行錯誤の回数を減らすことはできます。
本は、読んだ人の試行錯誤を最短コースにすることができるのです。

36

motivate your subordinates

二流は、自分だけが話す。
一流は、話を聞ける。

「コミュニケーションを増やしましょう」と言うと、二流の上司は「増やしています」と言います。

実際に見てみると、上司ばかりが話しているのです。

これはコミュニケーションではありません。

それでも、「いや、部下も時々話していますよ」と言います。

時々「どうなんだ?」と聞いて、部下が何か言い始めると「それは違うんだよ」と、また上司が話を取ってずっと話します。

「何かないの? 聞くぞ」と言うのは卑怯なやり方です。

二流の上司は、「中谷先生が『聞きなさい』と言ったから、なんでも聞くぞ。なんでも言え」と聞いて、部下がひと言ふた言ポロッと言うと、「それは簡単だよ。こうすればいいんだよ。オレは昔な……」と、そこから30分の独演会です。

結局、部下は最初にひと言言っただけなのです。

それに気づかない二流の上司は、「部下に聞いてるんですけど、言わないんですよ」

と言います。

何か言ってもすぐに話を取る上司に、部下がだんだん言わなくなるのは当たり前です。


サービスについての会議の時のことです。

「ホテルで、これは素晴らしいという体験はないかな」と上司が振りました。

部下が、ある一流ホテルでの体験談を話し始めました。

「先週、〇〇ホテルに行ったんですよ。その時に気づいたのは……」

この時、二流の上司は黙っていられません。

「ああ、あそこのホテルなら、よく知っている。総支配人とは昔から仲良しで、君は知らないと思うけど……」と話を奪ってしまいます。

一流は、最初に自分が話を振ったあと、話すムードになって、部下が話し始めたら、間に割って入りません。

部下の話を聞くのは、けっこうしんどいです。

話があちこちにいって、筋道立っていません。

くだらない話も多いのです。
そのため、上司にも聞く根性が必要です。

部下に筋道立てて話させることが目的ではないからです。
大切なのは、部下の心の中にたまっているものを吐き出させることです。
部下にそれを思う存分吐かせてあげることが、本当のコミュニケーションなのです。

37

motivate your subordinates

二流は、「いつか使うモノ」を残す。
一流は、「今使うモノ」だけを残す。

やる気のない会社は、とにかくムダなモノが多いです。

会社の中にどんどんモノが増えていきます。

いらない資料や、何が入っているかわからない段ボール箱がたくさんあります。

たとえば、1つの箱の外側にマジックで「ファイル」と書いてありました。

「ファイル」の時点で、中身がよくわかりません。

別の箱を見ると、「ファイル」が二重線で消してあり、下にまた「ファイル」と書いてありました。

これでは何が入っているのかわかりません。

「これ、何が入っているの?」と聞くと、「前の引っ越しの時からずっとありましたけど、わかりません」と言われました。

前の引っ越しの時からあって、あけていなくて、中身がわからないなら、いらないモノです。

あけなくても差しさわりが発生していないモノが、やる気のない会社にはどんどん増えていくのです。

会社の中のゴミの量と、やる気は反比例します。

ゴミが減ると、やる気が増えるのです。

極めて明快です。

やる気を増やすには、ゴミを減らすことです。

まず「やる気を出そう」ではなく、「いらないモノを捨てよう」と言えばいいのです。

やる気のない会社は、「なんでこんなモノがとってあったんだろうね」というモノだらけです。

「ファイル」という文字を消した下に「ファイル」と書かれていたり、「保存」と書かれている段ボールが、中身もわからないまま、引っ越しのたびに移動していくのです。

それで「スペースが足りない」と言います。

「保管庫が足りない」「棚が足りない」と、ずっと言い続けるマイナス面は、やる気がなくなることです。

風通しが悪いのです。

やる気のあるチームには、モノが少ないです。

それは、コミュニケーションがうまくいっている証拠です。

1人が持っていれば済むモノを全員で持つ必要はまったくありません。

何年も前の忘年会の出し物の小道具なんて、処分していいのです。


今の時代、モノを持つ必要はありません。

買っても借りても安いし、注文すれば次の日にはモノが届く時代に、いつか使うモノをとっておかなくていいのです。

二流も、使わないモノはとっておきません。

二流は、いつか使うモノをとっておいて、一流は、今使うモノだけを残します。

モノが増えるから広いところに引っ越さなければならない→広いところに引っ越す→スペースができて、またモノが増えるというだけで済めば、まだいいのです。

そこからさらに進むと、やる気がなくなるという負のスパイラルが生まれるのです。

38

motivate your subordinates

二流は、
「結果の早い技術」を教える。
一流は、
「時間のかかる基本」を教える。

二流は、部下に早く成長してほしいと思い、結果が出るのが早い技術を教えます。

たしかに、小手先の技術を教えると早く結果が出ます。

ただし、成長は必ず止まります。

それに対して、一流は、結果が出るまで時間がかかっても、とにかく基本を教えます。

基本を教えると、その上に技術をのせて、どこまでも伸びていけます。

技術だけ教えても、やがて伸びは止まります。

派手なところだけを教えていくと、部下のやる気が止まります。

時間はかかりますが、最初にがっつり基本を教えたほうがいいのです。

基本を理論的に教えるほうはめんど臭いのです。

私は教える側にまわってから、基本型で教えています。

会社で仕事の師匠に教わっていた当時は、基本型はイヤだなと思っていました。

教える側になったことで、「イヤだなと思っていたことと同じことを自分も言っている」と気づいたのです。

39

motivate your subordinates

二流は、
部下にお世辞を言う。
一流は、
部下の価値を発見する。

ほめるのはいいことです。

まず、ほめられた人のモチベーションが上がります。

それと同時に、ほめた人のモチベーションも上がります。

ほめられた側も、ほめた側もやる気が出るからいいのです。

「ほめましょう」と言うと、二流のほめ方はお世辞になってしまいます。

「お世辞」と「ほめ」は違います。

一流のほめ方は、その人間の気づいていない新しい価値を見つけてあげることです。

私は上司に「キレのいい返事だな」とほめられました。

私自身は、そのことに気づいていませんでした。

私は空手部時代に、よく「返事は！」と言われたので、「ハイッ」と返事をするクセがついていたのです。

そのために、ラジオのレギュラーを始めた時は怒られました。

トークバックでヘッドホンにディレクターから「そろそろ音楽いきます」と言われた時に、ラジオで話している最中に「ハイッ」と言ってしまったからです。

本番中にその返事はＮＧなのです。

一流は、部下本人が気づいていない長所を気づかせます。

部下に成長感や役立ち感を与えるためにほめるのです。

私がつくった電話の伝言メモを見た上司から「これ、中谷か！」と言われた時に、反射的に「すみません、直します」と言うと、「わかりやすい！」とほめられました。

そうすると、うれしくて「もっとわかりやすくしてやろう」という気持ちになります。

ほめるとは、その人の気づいていない、誰も言っていない新しい価値を発見することです。

お世辞はセクハラになってしまいます。

スタイルのいいコに対して「スタイルいいね」とほめるのは、みんなが言っていることです。

みんなが言うほめ言葉を重ねて言われると、「この人は何も見てくれていないんだな」

と思います。

「さすが、東大出は頭いいね」「さすが、秋田美人」と言うのは、相手を個人で見ていません。

二流は、「最近の若いコはやっぱりいいな」と、集合で言います。

セクハラは、相手を個人で見ていないということでもあります。

集団の属性で見るから差別が生まれるのです。

40

motivate your subordinates

二流は、「まとめて」ほめる。
一流は、「その都度」ほめる。

二流がまとめてほめるのは、叱る時とセットにしようとするためです。

「ほめると、部下がてんぐになったり、うぬぼれたり、調子にのるから、ここでほめないようにしよう」と考えるのです。

やる気を出すことは、調子にのるということです。

ほめて、調子にのせればいいのです。

部下はまったくほめられないと、「切り捨てられたらどうしよう」と心配になります。

自分が切り捨てられないように、「ひょっとしたら上司は怒っているかもしれないから、言い訳しておかなければ」と思って、「この間のあれは違うんですよ。1ついいですか。勘違いされているかもしれないので……」と言い訳をします。

自分ではなく、ほかの人がほめられると、「こう言ってはなんですけど、あの人はお客様からあまりいいように言われていませんよ」と、悪口が始まります。

ほめられていれば、言い訳と悪口は出ません。

言い訳と悪口がチームの中で増えていくと、チーム全体のモチベーションは下がってしまうのです。

41

motivate your subordinates

二流は、
まとめて話す。
一流は、
一人ひとりと会話する。

二流は、「大切なことはコミュニケーションで言ってます」と言います。

それは、「みんな、いいかな。こういうことに気をつけようね」と、大ぜいに対して放送する型です。

一流は、1対1で話します。

人に何かを話す時は、「Aさん、こうしてください」「Bさん、こうしてください」と、個別に言うのが本当のコミュニケーションです。

二流の上司のメールは、CC（同報通信）が増えていきます。

全員に伝えているとなった時点で、伝えられた人間は「自分用じゃないんだな」と感じてしまうのです。

本来、「伝える」ということはラブレターです。

全員に伝えるというのはDMです。

DM型のラブレターは一番モチベーションが下がるのです。

「効率のいいコミュニケーションをしている」と思った時点で、それは本来のコミュニケーションではないのです。

42

motivate your subordinates

二流は、
「問題が起こったら」相談にのる。
一流は、
「問題が起こる前に」相談にのる。

「相談にのってあげてくださ い」と言うと、二流の上司も「僕は何かあったら必ず相談にのっています」と言います。

これは「相談」とは言いません。

何かあってからでは遅いのです。

相談は、何かある前にするものです。

「何かあったらなんでも言って」ではなく、「何かある前になんでも言って」と言われると、部下は安心できます。

不安なままでは、部下はやる気を出したり、トライすることができません。

部下に安心してもらうためには、いつでも上司が相談にのれる態勢でいることです。

部下からは、小さなSOSが出ているのです。

一流は、「すみません、ちょっとご相談があるのですが」という言葉の前にたくさん出ている部下のSOSを聞いてあげます。

「何かある?」と聞く上司に対しては、部下は「何かある前にさんざんSOS出してるわ。それを聞いてないの?」と、イラッとするのです。

43

motivate your subordinates

二流は、
リーダーを指名する。
一流は、
リーダーを自薦で決める。

たとえば、プロジェクトをする時にリーダーを決めます。

二流の上司は、リーダーを指名します。

一流の上司は、チーム内でリーダーを決めさせます。

その時の禁止事項は、ジャンケン・あみだくじ・年功序列です。

常に自薦でリーダーを決めます。

自薦でリーダーになると、「自分で言い出したことだから」と、責任感が生まれて、やる気が出るのです。

自薦にしないと、「だって、みんながやれと言うから」「○○さんがやれと言うからやっている」と、最初から責任転嫁が起こります。

「僕がやりたいと言ったんじゃない。上司がやれと言ったから」という逃げ腰になるのです。

リーダーで他薦はありえません。

ましてやジャンケンもありえません。

「だってジャンケンで負けただけだもん」では、やる気は出せないのです。

44

motivate your subordinates

二流は、
残業する部下を称賛する。
一流は、
残業を称賛しない。

残業をする部下を「今日も遅くまで頑張ってるな」とほめるのは二流の上司です。部下が早く帰ると、「こいつに払っている給料を損した」「何か仕事をつくって、こいつにさせなければ」という損した感が生まれるのです。

一流は、部下が残っていると、「定時に帰らないのは、何か仕組みが間違っている」と考えます。

一流と二流とでは、感覚がまったく違うのです。

二流は、職場の人たちが笑っていると、「ふざけている」とイヤがります。

一流は、「笑い声があっていいな」と安心します。

「笑っているのはサボっている」という旧日本軍のような考え方をしないことです。

笑っているからといって、サボっているわけではありません。

笑い声があるということは、職場が盛り上がっていると考えればいいのです。

45

motivate your subordinates

二流は、
部下の「給料」を増やす。
一流は、
部下の「研修費」を増やす。

二流の上司は、部下の給料やボーナスの査定を上げることによってモチベーションを上げさせようとします。

今年、給料を上げると「来年も上がる」と、部下は思います。

給料を上げるとモチベーションが下がるのです。

給料を上げると、上げられるのが当たり前という感覚を生みます。

次の年に給料が上がらないと、下がったように感じます。

たとえば、去年は1割上がって、今年は5％上がりました。

「なんで5％減なんだよ」と、5％下がった感だけが残るのです。

実際は5％上げているのです。

それなのに5％下がった感が起こるというのが、お金のむずかしいところです。

一流は、研修費を出して部下のモチベーションを上げます。

たとえば、部下1人では、いい先生の授業を受けることはなかなかできません。

そこで、会社で優秀な社員にご褒美として研修を受けさせます。

10人いれば、1人では受けられないような10倍の授業料がかかる先生の授業を受けることができます。

研修で大切なことは、全員制にしないことです。

頑張っている人間だけを受けさせます。

やる気のない人にやる気を出させるようにする研修は、よくありません。

下の層から研修をするのは間違いです。

まず、上の層を持ち上げる研修をすることです。

強制的に研修に来ている人は、モチベーションが低いです。

私は商社の研修でも講師をします。

ある商社は御殿場に研修場を持っていて、1泊2日の研修をします。

部下は「仕事が忙しいのに、なんでこんな研修に来なくちゃいけないんだ」と思っています。

私が研修をする時は、「仕事が忙しい人は、出たことにしておいてあげるから、帰っていいよ」と、全員に言います。

そうすると、「すみません、タクシーを呼んでください」と、帰る人がいます。

この時、くじけている人は「帰ろう、帰ろう」と、周りの人も誘います。

1人で帰る人はいません。

その誘いについていく人もいます。

「おまえも帰ろうよ」と言って、3人が抜けました。

人事の研修課の人も研修場にいますが、私の方針として「帰っても、出たことにしておいてあげるから」と言います。

残っているのは研修を受けたい人たちです。

ここでわかれるわけです。

3人が帰ったことによって、残った人間は「自分の意思で残った」ということで、初めて強制ではなくなります。

帰った人は、そのあと、仕事に行こうが、遊びに行こうが勝手です。

すると、御殿場の駅まで行ったうちの1人が、「やっぱりオレ戻るわ」と帰ってきました。

3人目に誘われた人です。

彼はいい勉強になりました。

一度は「帰ろう」という誘いに流されて研修場を出ましたが、自分の意思で戻ってきたので、彼はモチベーションがあります。

これが研修で大切なことです。

別の研修の時は、選抜をします。

2日間の時は、1日目の午前・午後、2日目の午前・午後という4ブロックにわけて落としていくのです。

優秀でないと、あとの研修は受けられません。

勝ち残りのウルトラクイズ・システムです。

優秀でない人は帰れるのです。

優秀でないと研修は受けられないという解釈にするのが一流です。

二流のやり方は、「優秀だと帰っていい」という形にします。

そうすると、研修が罰ゲームになってしまいます。

「やる気がないから研修を受けさせられる」という位置づけは間違っています。

研修は、モチベーションが高くて、やる気があるからこそ受けられるものなのです。

chapter 4

上司は、改善策を実行してやる気に導く。

46

motivate your subordinates

二流は、
ミスを隠してやる。
一流は、
ミスを共有して、
再発防止策を共有する。

二流は、部下のミスを隠すことが器の大きい上司だと思っています。

一流は、ミスを許して、再発防止策を考えてみんなで共有します。

ミスをしても致命傷にならないことが、みんなの一番の安心材料になります。

ミス自体は悪いことではありません。

最も悪いことは、同じミスを2回繰り返すことです。

古美術界のレジェンド、不言堂の坂本五郎さんは、「贋作《がんさく》つかみの坂本」というあだ名がついています。

「ひと通りのニセモノは知っています。私がつかんだことがないニセモノはない。だから2回目のミスはない」というのは、凄い信用です。

プロはミスをしない人ではありません。

ミスをしないのはアマチュアです。

同じミスを2回するのは二流です。

一流は、1回ミスをしても、同じミスは2回繰り返しません。

それは再発防止策を立てているからできることなのです。

47

motivate your subordinates

二流は、「大きなミス」の再発防止策を立てる。
一流は、「小さなミス」の再発防止策を立てる。

「これはいちいち取り上げなくていいんじゃないの？」というぐらい、ささいなミスをちゃんとフォローするのが一流です。

小さいミスのほうが危ないのです。

大きいミスは、部下本人も警戒していて気づきやすいです。

小さいミスは、部下本人は「これぐらいのミスなら大したことはないだろう」と思っても、そのボヤが大火事になるのです。

大事故のキッカケは、必ず小事故です。

大事故から大事故にはなりません。

大事故はみんなが警戒しています。

二流の上司は、一見いい人で、人情家です。

大事故が起きた工事現場の責任者のみんなからの評判は「凄くいい人」です。

太っ腹な上司が「いいよ、いいよ。点検したことにして、オレがハンコ押しといてやるから」と言っていると、死傷者が出る事故に繋がります。

それは、目先の人望を取るために、部下に対して、かわいそうなことをしているのです。

48

motivate your subordinates

二流は、謝らせる。
一流は、謝らせず、改善策を立てる。

二流は、謝らせるのが好きです。

「ちゃんと謝れ。おまえ、自分がしたことの意味をわかっているのか」と言います。

一流は、謝らせません。

「謝らなくていい。そのかわり、再発しないようにしてほしい。どうしたらいいか考えよう」「お詫びはいらない。『すみません』と言わない仕組みをつくろう」と言います。

たとえば、Aさんがミスをしやすいような状況が、その前のBさんの手順で起きているとしたら、直すべきはBさんです。

Bさんが直さないから、その次のAさんにミスが起こるのです。

本当のミスは、ミスをした人に原因はありません。

上司は、離れたところでそれをちゃんと見てあげることです。

謝ることのマイナスは、謝っているうちに、謝ることで終わった感が出てくることです。

「お詫びする↓許してもらえた↓ハイ、終了」ではありません。

改善策や再発防止策を立てて終了です。

謝ることのヘンな満足感が、部下にとってはマイナスになるのです。

49

motivate your subordinates

二流は、
結果を数値化する。
一流は、
数値にできない結果を評価する。

部下を評価することはなかなかむずかしいのです。

二流は、部下の評価をする時に、すべてのことを数値化します。

一流は、数値にできないよいところをきちんと見てあげます。

これによってやる気が出るのです。

たとえば、1泊2日の研修でいろいろなワークショップをします。

初日の朝に、5人ずつのチームにわけて、「研修の最後に、5人のうち1人をリストラしてください」と伝えると、みんな真剣になります。

決めるのはリーダーです。

リーダーが自分で辞めるのはNGです。

リーダーにとって、それは一番ラクだからです。

1日研修していると、知らない部署の人でも気心が知れてきます。

それでも、リストラをするのがリーダーの仕事です。

どんなやり方をしてもかまいません。

あるチームは、リーダーが逃げてしまいました。

みんなでお互いに点数をつけ合って、合計点で決めようということにしたのです。

お互いにチームへの貢献度を見て、5人全員で点数をつけ合うのです。

そうすると、監視社会になってしまいます。

みんなに好かれているか、嫌われているかの問題になります。

人気度テストになると、リーダー自身の責任は消えます。

みんなで点数をつけて、「一番低かったからあなた辞めてください」と言うのが数値化です。


数値化はリーダーの責任が消えるのです。


みんなが「このリーダーについていこう」と思うのは、「数字ではこっちになっているけど、僕はこっちだと思う。なぜならば……」と、数値と逆のことを言える人です。

その時、「なぜならば、こうだから」という理由が必要です。

「今日の優秀賞を決めよう」となった時に、「点数はこうだけど、僕はAさんが優秀賞だと思う。なぜならば、こういう時にこういうところがあったから」と言えるのが一流です。

それは数値化したものではありません。

そうすると、みんなが「そんなところも見てくれているのか」とうれしくなります。

数字は、細かいところまで見なくてもつけられます。

部下にとっては、数字でないところを上司が見てくれているかどうかが一番大切です。

たとえば、出版社と著者の関係で、「いくら売れた？」と聞くのは、数値化したものです。

モチベーションは、いくら売れたか、何部刷ったか、いくら広告を打ったかという問題ではありません。

そういう数値が見えない中でのチームワークから、「やってよかった」という満足感が生まれます。

数値化できない部分こそが、人間がＡＩに勝っていける部分です。

グーグルがどんなにビッグデータを持っていても、このファジーな部分は持つことができないのです。

50

motivate your subordinates

二流は、「うれしい」を与える。
一流は、「面白がり方」を与える。

二流は、部下にうれしい仕事をさせようとします。

うれしい仕事は、「返しありき」の受け身なのです。

給料が上がる、お客様にほめられる、お客様に感謝されるというのは、すべてうれしい仕事です。

仕事のモチベーションとして、うれしい、楽しいという感情を利用しているにすぎません。

本来は、楽しい仕事などありません。

遊びなら、楽しいものはたくさんあります。

仕事で楽しさを探していくと見つかりません。

「楽しいけれども、そのかわりにこういうしんどさがある」といった時に、相殺すると、しんどさが圧倒的に大きいのです。

一流は、「面白くない仕事をどう面白がるか」と部下に面白がり方を教えます。


旅行で大切なことは、どこに行くかより誰と行くかです。

旅行が楽しいのは、一緒に行った相手が面白がり方を知っているからです。

「これはこういうところを見るんですよ」「ここではこれをすると楽しいですよ」と、面白がり方を教えてもらえます。

面白くないのは、面白がり方がわからないということです。

ルールがわからないスポーツは見ても面白くありません。

面白がれないのです。

ルールを知っていて、自分も体験していることは、「これ、むずかしいんだよな」と、面白がり方がわかります。


上司は、部下に面白い仕事をさせるのではなく、どんな仕事をしても面白がる方法を教えればいいのです。

「仕事が面白い」と言う人は、面白い仕事をしているのではありません。

どんな仕事が来ても面白がれる面白がり方を知っているのです。

パーティーでの引き出物を、包装する作業がありました。

外注すればしなくていい仕事でしたが、経費節約のために、社員ですることになりました。

「ガマンしてやってくれ」ではなく、どうしたらすばやくきれいに包装できるかを工夫しました。

それ以来、一流店での包装がどのようにされているか意識して見るようになりました。

一流店の包装は、小さいテープが一箇所しか止められていないのに、きれいなのです。

こうなると、作業が楽しくなります。

51

motivate your subordinates

二流は、
マニュアルを否定する。
一流は、
マニュアルで余裕を与える。

二流は、マニュアルに頼っているかと思えば、突然「所詮マニュアルなんてダメだ」と言って、両極端に揺れます。

そもそも、マニュアルはお客様にサービスをする自分が余裕をつくるためにあるのです。

マニュアルとデジタルは、同じ発想です。

デジタルが生まれたのは、デジタルですべてできるからではありません。

デジタルは効率化できるのです。

究極の形はＡＩです。

人間は、ＡＩに仕事を奪われることはありません。

真ん中の98％をデジタルにして、両端の1％をアナログにすればいいのです。

これが一番クオリティーの高い仕事になるのです。

サービスで考えると、シェフがつくった料理の1％があり、真ん中の98％をデジタル化して、最後の1％でウエイターがお客様に接するのが一番クオリティーが高いのです。

そうすると、ウエイターもシェフも疲れません。

間の部分はすべてロボット、ＡＩ、コンピュータのデジタルがしてくれるからです。

逆はNGです。

真ん中を人間がして、端っこをロボットがするのは一番ドン臭い組み合わせです。

一番最初と最後を人間がして、真ん中をAIがする、これが最高のマニュアルです。

AIやデジタルを否定するのは二流の上司です。

一流は、両端の人間が接するところの余裕をつくるために、真ん中をデジタルにします。


安藤忠雄さんは、コンクリート建築の人だと思われています。

安藤忠雄さんの代表的な建築物の1つが、大阪府茨木市にある「光の教会」です。

実際にその教会に入ると、床がきしむのです。

「あれ？　床がきしむな。床はコンクリートじゃないのか」と、木製の床に驚きます。

教会には席があります。

椅子の手すりに触れると、それも木でできていることがわかります。

手と足が触れるところは、すべて木になっているのです。

それが安藤忠雄さんの狙いです。

一流は、部下が余裕を持てるように、マニュアルをつくるのです。

たとえば、旅館で仲居さんが一番ヘトヘトになるのは料理を運ぶ作業です。

運ぶ作業でヘトヘトになって、お客様の部屋に入ると余力が残っていない状態です。

旅館の構造は、動線がメチャクチャです。

増築の繰り返しで、階段も多く、着物姿で上がり下りするのは大変です。

部屋に入った時には、仲居さんはハアハアハアと言って、ふすまをあけて、料理をボンと置いて、すぐに配膳室に戻ります。

加賀屋は仲居さんの負担をなくすために、料理をロボットで運ばせているのです。

最後のところだけをする仲居さんは、余裕しゃくしゃくで部屋に入っていけます。

上司は、部下に余裕を持たせることが大切です。

一流は、部下を疲れさせないために、マニュアルもＡＩも使うのです。

52

motivate your subordinates

二流は、
アイデアを出させる。
一流は、
アイデアを出した人間に
実行させる。

二流は、ブレストや会議をすると、部下に「もっと斬新なアイデアを出せ」「なんでインパクトのあるアイデアが出ないんだ」と怒ります。

一流は、アイデアを出させた人間に実行させます。

二流は、アイデアはアイデアを出す人、実行は実行する人でわけます。

そうすると、部下は、

「最近これが流行っているので、こういうアイデアが面白いと思います」

「おまえ、するか？」

「私はそんなのはちょっと……」

と、無責任なアイデアを出すのです。

「この企画は私がやりたい」と思えるものが面白い企画です。

二流のやり方では、せっかく自分がやりたいと思って出したアイデアがやらせてもらえないので、部下はアイデアを出さなくなります。

そうならないように、一流は、「アイデアを出した人間が実行者」というルールを守るのです。

53

motivate your subordinates

二流は、
うまくいかなかったら、
やめる。

一流は、
うまくいかなかったら、
プランBをさせる。

出した企画がうまくいかないことも現実問題としては多いです。

その時に、二流は「じゃ、やめよう」と言います。

一流は、「じゃあ、どうしたらいいか。プランBを出そう」と部下と一緒に考えます。

「うまくいかなかったらやめる」というのを続けていくと、することがなくなります。

「それは前にやりました。うまくいきませんでした」「じゃ、やめよう」と、前へ進んでいかないのです。

あらゆる物事は、うまくいかなかったところからがスタートです。

プランBがダメなら、プランC、プランD……と考えることで前へ進んでいけます。

「前へ進んでいる感」が、やる気に繋がるのです。

これが成長感です。

前へ進んでいる感がなく、「今は1年前と同じ状況だな」というのはつらいです。

脱獄でも、『巌窟王』のエドモン・ダンテスは、スプーンで岩を掘りながらも、少しずつ前へ進んでいる感があります。

前へ進んでいる感がない脱獄はしんどいです。

私の予備校時代にあった駿河台の中華料理屋の中華丼は大盛りで、食べても食べても減りませんでした。

食べながら、「これは永遠に食べ続けなければならないんじゃないか」と思ったほどです。

たとえば、カラオケに行って「無限に部屋をお使いください」と言われると、イヤになります。

むしろ地獄です。

「無限に歌ってくれ」と言われても困ります。

やる気が出るのは、カラオケルームの電話が鳴って「あと10分です」と言われてから歌う曲を探す時です。

「1人あと1曲ね」となると、「今までどうでもいい曲歌っちゃったよ」「忘れてたじゃん、これ」と焦ります。

「すみません、30分延長いいですか」と言うと、「すみません、あとが入っているんです」と言われた瞬間からが勝負です。

仕事は、やるかやらないかではありません。

0か10ではありません。

0と10の間にこそ、仕事があるのです。

部下は、10ができなくなった時に、「ああ0か」と諦めます。

その時に、0にしないで、1でも2でもするのが仕事だということを教えるのが、一流なのです。

54

motivate your subordinates

二流は、
やみくもにさせる。
一流は、
省エネさせる。

二流は、とにかく部下が練習したり、一生懸命しているのが好きです。

やみくもに何かさせるのです。

結局、部下は疲れてしまいます。

肝心な時に元気が残っていません。

一流は、いかに部下に省エネさせるかを考えます。

「とにかくやれ」ではなく、山登りと同じで、どうしたら部下が省エネできるかを常に考えてやるのがリーダーの役割です。

部下が「これなんですけど、どうしたらいいでしょうか」と聞くと、「とにかくやって」と言うのは二流です。


セクハラの相談でも、「こういうことがあるんですけど、なんとかしてくださいよ」と言われると、「そっちのほうでなんとか話し合ってくれないかな」と、上司が逃げてしまいます。

トラブルが発生している時は、部下が今抱えているストレスをどう減らしてあげるかを考えることです。

部下にとっては、１００％は取り除けなくても、10％でも減らせるようにしてくれるかどうかが大きいのです。

上司が問題解決に動いてくれるかくれないかです。

お店に行って、「すみません、これよりワンサイズ小さい靴ありますか」と聞いて、「出ているだけです」と言われると、その店員から買おうとは思いません。

お客様としては、「これですね、ちょっと見てきます」と見に行って、「やっぱりなかったです」と言ってくれる店員のほうがうれしいです。

「ちょっと見てきます」という行為があるかどうかがポイントです。

上司もこれが大切なのです。

たとえ探している靴がなくても、「こういうのだったらあるんですけど」というプランBを出せばいいのです。

上司自身が省エネするのはＮＧです。

常に部下の省エネをしてやるのが上司の役割なのです。
部下に、中間報告をさせます。
部下が、AからEまで5方向の企画を出しました。
その時に、BとDはないね、と途中で結論を出してやることです。
そうすることで、余ったエネルギーを、残りの3案に集中することができるのです。

55

motivate your subordinates

二流は、下から研修する。
一流は、上から研修する。

経営者の人から、「現場の人間にやる気がないので、中谷さん、現場の研修をちょっとお願いできますか」という依頼がよくあります。

一流のリーダーは、「上から研修をしてください。まずは私から」と言います。

上から下へ下げるのです。

下から研修をすると、結局、目覚めた社員が辞めていきます。

上が目覚めていないと、「この上司、ダメだな」と思われてしまうのです。

今それがバレていないのは、部下が目覚めていないからです。

一流の経営者であればあるほど、「まず私から」と言います。

最初に経営者研修をして、次に店長研修をして、最後に現場研修をします。

上から下へという順番です。

上を研修していくと、下への接し方が変わります。

結果として、下の研修はしなくても、上をずっとしていくことで、自動的に下は研修されていくのです。

56

motivate your subordinates

二流は、
ダブルチェックさせる。
一流は、
1人でチェックさせる。

トラブルが再発しないための防止策として、今まで1人でチェックしていたものをダブルチェックにしようとするのが二流の作戦です。

ダブルチェックにすると、ミスが増えます。

「2人でしているから、もう1人が見るでしょう」という考えが油断になります。

「トリプルチェックにしよう」と言うと、ますますミスが増えるのです。

もう誰もきちんと見ません。

書類は、検印のチェック欄が増えれば増えるほど、一人ひとりが真剣に見なくなります。

チェックは1人の担当にすることによって、責任感が生まれます。

上司と部下の2人ではなく、「おまえ1人で行ってこい」と言われた瞬間に、部下は「任せてもらえたから、自分でなんとかしなければ」という気持ちになるのです。

今は、古い時代の仕事のやり方を変える必要があります。

長時間労働が生まれるのは、大ぜいで得意先に行きすぎるからです。

「これだけ大ぜいの人間でこの仕事に取り組んでいます」という相手へのアピールのた

めに、大ぜいで得意先に行くのです。

1人の仕事を10人でしたら、一人ひとりのモチベーションは10分の1になります。

一生懸命しても自分の手柄にならないからです。

自分の鳴らしている音は聞こえないし、サボってもバレません。


私の父親がある地方自治体の仕事をした時のことです。

父親は、市役所の人が大ぜいで打ち合わせに来るのを見て、驚きました。

「この仕事は1人で済む話や。店やったらつぶれてるで。ほかの人は何？　税金のムダやないか。頼むで」と言っていました。

1人で行って済むところを10人で行くということは、1人頭の仕事としては10倍の労働時間になります。

これが長時間労働の現実なのです。

一流は1人でできるところは、任せて責任を持たせます。

1人でやった上で、ほかの人の力が必要なところは借りる。

そのほうが合理的で短い時間で済みます。
短時間で済むので残業もありません。

57

motivate your subordinates

おわりに

二流は、
やる気のある部下を探す。
一流は、
どんな部下でもやる気にさせる。

二流は、「やる気のある部下はどこにいるんでしょうね。最近、やる気のある部下がいません」と言います。

「昔はもっとたくさんいたような気がするけど、今はやる気のある部下がいない」とか「どうしたらやる気のある社員を採用できますか」という相談ごとが多いのです。

こう言っている時点で、この会社の未来はありません。

一流の上司は、「どんな社員でも来てくれたら、やる気のある社員にしてみせる」と言います。

やる気のある部下を探すのは効率が悪いです。

たとえば、やる気のある部下を高い費用を出して採用しました。

やる気がある部下に限って辞めます。

当たり前です。

自分のやる気と上司のやる気を比べて、自分が上司のやる気を上回っている時に会社を辞めるのです。

「こんなヤツについていってはダメだな」と思うからです。

「またいつか、やる気のある人間を育てる教育が行き届いて、そういうヤツらが入ってくる時代まで待ったら、なんとかなるんじゃないか」という考えは甘いです。

世の中にやる気のある若者がいなくなっても、ゼロからやる気を生み出すことができる教育の仕組みを持った会社の勝ちです。

会社でなくても、上司1人がその仕組みを持っていればいいのです。

それは法律ではありません。

自分自身の中にその育て方を持ってしまえば勝ちなのです。

上司は、毎日社員と接しながら、目の前の仕事だけをしているのではありません。

その仕事を通して、やる気を生み出す教育プログラムをつくっているという意識を持つことです。

すべての仕事は、これからは教育を主軸としたビジネスになります。

学校と予備校だけが教育産業ではありません。

あらゆるメーカー・産業・業態で、社員のやる気を育てるという教育が事業の中心に

なっていきます。

貧しい国を豊かな国にするためには、その国でやる気のある若者を育てて、新たな産業をつくっていくしかありません。

国民が稼げるようにしていくということです。

国民のやる気がなくなった時点で、その国の国力は落ちます。

最大の資源は、やる気です。

すべての産業は教育ビジネスであるのと同じように、資源ビジネスでもあります。

やる気という資源をどうやってつくっていくかという資源ビジネスです。

国民のやる気を出させればいいのです。

知性は、学ぼうという気持ちです。

知識があることではありません。

学んで成長しようとするのが知性です。

これがやる気に繋がります。

部下のやる気を生み出してあげられる上司こそが、一流の上司なのです。

『服を変えると、人生が変わる。』

【日本実業出版社】
『出会いに恵まれる女性がしている63のこと』
『凛とした女性がしている63のこと』
『一流の人が言わない50のこと』
『一流の男　一流の風格』

【主婦の友社】
『あの人はなぜ恋人と長続きするのか』
『あの人はなぜ恋人とめぐりあえるのか』
『輝く女性に贈る 中谷彰宏の運がよくなる言葉』
『輝く女性に贈る　中谷彰宏の魔法の言葉』

【水王舎】
『「人脈」を「お金」にかえる勉強』
『「学び」を「お金」にかえる勉強』

【毎日新聞出版】
『あなたのまわりに「いいこと」が起きる70の言葉』
『なぜあの人は心が折れないのか』

【大和出版】
『「しつこい女」になろう。』
『「ずうずうしい女」になろう。』
『「欲張りな女」になろう。』
『一流の準備力』

【すばる舎リンケージ】
『好かれる人が無意識にしている言葉の選び方』
『好かれる人が無意識にしている気の使い方』

【ベストセラーズ】
『一歩踏み出す５つの考え方』
『一流の人のさりげない気づかい』

『１秒で刺さる書き方』（ユサブル）
『なぜあの人には「大人の色気」があるのか』（現代書林）
『昨日より強い自分を引き出す61の方法』（海竜社）
『状況は、自分が思うほど悪くない。』（リンデン舎）
『速いミスは、許される。』（リンデン舎）
『一流のストレス』（海竜社）
『成功する人は、教わり方が違う。』（河出書房新社）
『名前を聞く前に、キスをしよう。』（ミライカナイブックス）
『なぜかモテる人がしている42のこと』（イースト・プレス　文庫ぎんが堂）
『人は誰でも講師になれる』（日本経済新聞出版社）
『会社で自由に生きる法』（日本経済新聞出版社）
『全力で、１ミリ進もう。』（文芸社文庫）
『「気がきくね」と言われる人のシンプルな法則』（総合法令出版）
『なぜあの人は強いのか』（講談社＋α文庫）
『大人になってからもう一度受けたい コミュニケーションの授業』（アクセス・パブリッシング）
『運とチャンスは「アウェイ」にある』（ファーストプレス）
『大人の教科書』（きこ書房）
『モテるオヤジの作法2』（ぜんにち出版）
『かわいげのある女』（ぜんにち出版）
『壁に当たるのは気モチイイ　人生もエッチも』（サンクチュアリ出版）
書画集『会う人みんな神さま』（DHC）
ポストカード『会う人みんな神さま』（DHC）
『サクセス＆ハッピーになる50の方法』（阪急コミュニケーションズ）

＜面接の達人＞
【ダイヤモンド社】
『面接の達人　バイブル版』

中谷彰宏　主な作品一覧

『高校受験すぐにできる40のこと』
『ほんのささいなことに、恋の幸せがある。』
『高校時代にしておく50のこと』
『中学時代にしておく50のこと』

【PHP文庫】
『もう一度会いたくなる人の話し方』
『お金持ちは、お札の向きがそろっている。』
『たった3分で愛される人になる』
『自分で考える人が成功する』

【だいわ文庫】
『いい女のしぐさ』
『美人は、片づけから。』
『いい女の話し方』
『「つらいな」と思ったとき読む本』
『27歳からのいい女養成講座』
『なぜか「HAPPY」な女性の習慣』
『なぜか「美人」に見える女性の習慣』
『いい女の教科書』
『いい女恋愛塾』
『やさしいだけの男と、別れよう。』
『「女を楽しませる」ことが男の最高の仕事。』
『いい女練習帳』
『男は女で修行する。』

【学研プラス】
『美人力』（ハンディ版）
『嫌いな自分は、捨てなくていい。』

【あさ出版】
『孤独が人生を豊かにする』
『「いつまでもクヨクヨしたくない」とき読む本』
『「イライラしてるな」と思ったとき読む本』

【きずな出版】
『「理不尽」が多い人ほど、強くなる。』
『グズグズしない人の61の習慣』
『イライラしない人の63の習慣』
『悩まない人の63の習慣』
『いい女は「涙を背に流し、微笑みを抱く男」とつきあう。』
『ファーストクラスに乗る人の自己投資』
『いい女は「紳士」とつきあう。』
『ファーストクラスに乗る人の発想』
『いい女は「言いなりになりたい男」とつきあう。』
『ファーストクラスに乗る人の人間関係』
『いい女は「変身させてくれる男」とつきあう。』
『ファーストクラスに乗る人の人脈』
『ファーストクラスに乗る人のお金2』
『ファーストクラスに乗る人の仕事』
『ファーストクラスに乗る人の教育』
『ファーストクラスに乗る人の勉強』
『ファーストクラスに乗る人のお金』
『ファーストクラスに乗る人のノート』
『ギリギリセーーフ』

【ぱる出版】
『粋な人、野暮な人。』
『品のある稼ぎ方・使い方』
『察する人、間の悪い人。』
『選ばれる人、選ばれない人。』
『一流のウソは、人を幸せにする。』
『セクシーな男、男前な女。』
『運のある人、運のない人』
『器の大きい人、器の小さい人』
『品のある人、品のない人』

【リベラル社】
『50代がもっともっと楽しくなる方法』
『40代がもっと楽しくなる方法』
『30代が楽しくなる方法』
『チャンスをつかむ 超会話術』
『自分を変える 超時間術』
『一流の話し方』
『一流のお金の生み出し方』
『一流の思考の作り方』
『一流の時間の使い方』

【秀和システム】
『人とは違う生き方をしよう。』
『なぜ あの人はいつも若いのか。』
『楽しく食べる人は、一流になる。』
『一流の人は、○○しない。』
『ホテルで朝食を食べる人は、うまくいく。』
『なぜいい女は「大人の男」とつきあうのか。』

『改革王になろう』
『サービス王になろう2』

【あさ出版】
『気まずくならない雑談力』
『人を動かす伝え方』
『なぜあの人は会話がつづくのか』

【学研プラス】
『頑張らない人は、うまくいく。』
文庫『見た目を磨く人は、うまくいく。』
『セクシーな人は、うまくいく。』
文庫『片づけられる人は、うまくいく。』
『なぜ あの人は2時間早く帰れるのか』
『チャンスをつかむプレゼン塾』
文庫『怒らない人は、うまくいく。』
『迷わない人は、うまくいく。』
文庫『すぐやる人は、うまくいく。』
『シンプルな人は、うまくいく。』
『見た目を磨く人は、うまくいく。』
『会話力のある人は、うまくいく。』
『ブレない人は、うまくいく。』

【リベラル社】
『問題解決のコツ』
『リーダーの技術』

『速いミスは、許される。』(リンデン舎)
『歩くスピードを上げると、頭の回転は速くなる。』(大和出版)
『結果を出す人の話し方』(水王舎)
『一流のナンバー2』(毎日新聞出版)
『なぜ、あの人は「本番」に強いのか』(ぱる出版)
『「お金持ち」の時間術』(二見レインボー文庫)
『仕事は、最高に楽しい。』(第三文明社)
『「反射力」早く失敗してうまくいく人の習慣』(日本経済新聞出版社)
『伝説のホストに学ぶ82の成功法則』(総合法令出版)
『リーダーの条件』(ぜんにち出版)
『転職先はわたしの会社』(サンクチュアリ出版)
『あと「ひとこと」の英会話』(DHC)

＜恋愛論・人生論＞
【ダイヤモンド社】
『なぜあの人は感情的にならないのか』
『なぜあの人は逆境に強いのか』
『25歳までにしなければならない59のこと』
『大人のマナー』
『あなたが「あなた」を超えるとき』
『中谷彰宏金言集』
『「キレない力」を作る50の方法』
『30代で出会わなければならない50人』
『20代で出会わなければならない50人』
『あせらず、止まらず、退かず。』
『明日がワクワクする50の方法』
『なぜあの人は10歳若く見えるのか』
『成功体質になる50の方法』
『運のいい人に好かれる50の方法』
『本番力を高める57の方法』
『運が開ける勉強法』
『ラスト3分に強くなる50の方法』
『答えは、自分の中にある。』
『思い出した夢は、実現する。』
『面白くなければカッコよくない』
『たった一言で生まれ変わる』
『スピード自己実現』
『スピード開運術』
『20代自分らしく生きる45の方法』
『大人になる前にしなければならない50のこと』
『会社で教えてくれない50のこと』
『大学時代しなければならない50のこと』
『あなたに起こることはすべて正しい』

【PHP研究所】
『なぜあの人は、しなやかで強いのか』
『メンタルが強くなる60のルーティン』
『なぜランチタイムに本を読む人は、成功するのか。』
『中学時代にガンバれる40の言葉』
『中学時代がハッピーになる30のこと』
『14歳からの人生哲学』
『受験生すぐにできる50のこと』

中谷彰宏　主な作品一覧

<ビジネス>

【ダイヤモンド社】

『なぜあの人は感情的にならないのか』
『50代でしなければならない55のこと』
『なぜあの人の話は楽しいのか』
『なぜあの人はすぐやるのか』
『なぜあの人は逆境に強いのか』
『なぜあの人の話に納得してしまうのか［新版］』
『なぜあの人は勉強が続くのか』
『なぜあの人は仕事ができるのか』
『なぜあの人は整理がうまいのか』
『なぜあの人はいつもやる気があるのか』
『なぜあのリーダーに人はついていくのか』
『なぜあの人は人前で話すのがうまいのか』
『プラス1%の企画力』
『こんな上司に叱られたい。』
『フォローの達人』
『女性に尊敬されるリーダーが、成功する。』
『就活時代しなければならない50のこと』
『お客様を育てるサービス』
『あの人の下なら、「やる気」が出る。』
『なくてはならない人になる』
『人のために何ができるか』
『キャパのある人が、成功する。』
『時間をプレゼントする人が、成功する。』
『ターニングポイントに立つ君に』
『空気を読める人が、成功する。』
『整理力を高める50の方法』
『迷いを断ち切る50の方法』
『初対面で好かれる60の話し方』
『運が開ける接客術』
『バランス力のある人が、成功する。』
『逆転力を高める50の方法』
『最初の3年その他大勢から抜け出す50の方法』
『ドタン場に強くなる50の方法』
『アイデアが止まらなくなる50の方法』
『メンタル力で逆転する50の方法』
『自分力を高めるヒント』
『なぜあの人はストレスに強いのか』
『スピード問題解決』
『スピード危機管理』
『一流の勉強術』
『スピード意識改革』
『お客様のファンになろう』
『なぜあの人は問題解決がうまいのか』
『しびれるサービス』
『大人のスピード説得術』
『お客様に学ぶサービス勉強法』
『大人のスピード仕事術』
『スピード人脈術』
『スピードサービス』
『スピード成功の方程式』
『スピードリーダーシップ』
『出会いにひとつのムダもない』
『お客様がお客様を連れて来る』
『お客様にしなければならない50のこと』
『30代でしなければならない50のこと』
『20代でしなければならない50のこと』
『なぜあの人は気がきくのか』
『なぜあの人はお客さんに好かれるのか』
『なぜあの人は時間を創り出せるのか』
『なぜあの人は運が強いのか』
『なぜあの人はプレッシャーに強いのか』

【ファーストプレス】

『「超一流」の会話術』
『「超一流」の分析力』
『「超一流」の構想術』
『「超一流」の整理術』
『「超一流」の時間術』
『「超一流」の行動術』
『「超一流」の勉強法』
『「超一流」の仕事術』

【PHP研究所】

『もう一度会いたくなる人の聞く力』
『【図解】仕事ができる人の時間の使い方』
『仕事の極め方』
『【図解】「できる人」のスピード整理術』
『【図解】「できる人」の時間活用ノート』

【PHP文庫】

『入社3年目までに勝負がつく77の法則』

【オータパブリケイションズ】

『レストラン王になろう2』

著者略歴

中谷 彰宏（なかたに あきひろ）

1959年、大阪府生まれ。早稲田大学第一文学部演劇科卒。博報堂に入社し、8年間のCMプランナーを経て、91年、独立し、株式会社中谷彰宏事務所を設立。人生論、ビジネスから恋愛エッセイ、小説まで、多くのロングセラー、ベストセラーを送り出す。中谷塾を主宰し、全国で講演活動を行っている。

※本の感想など、どんなことでもお手紙を楽しみにしています。
　他の人に読まれることはありません。**僕は本気で読みます。**

中谷彰宏

〒460-0008　名古屋市中区栄3-7-9 新鏡栄ビル8F　株式会社リベラル社　編集部気付
中谷彰宏　行

※食品、現金、切手等の同封はご遠慮ください（リベラル社）

［中谷彰宏　公式サイト］ http://www.an-web.com/

中谷彰宏は、盲導犬育成事業に賛同し、この本の印税の一部を（公財）日本盲導犬協会に寄付しています。

装丁デザイン　藤井　一
本文デザイン　渡辺靖子（リベラル社）
編集　伊藤光恵（リベラル社）
営業　津村卓（リベラル社）

編集部　堀友香・上島俊秀・山田吉之・高清水純
営業部　津田滋春・廣田修・青木ちはる・榎正樹・澤順二・大野勝司

部下のやる気が自動的に上がる モチベーションの強化書

2018年7月30日　初版

著　者　中 谷 彰 宏
発行者　隅 田 直 樹
発行所　株式会社 リベラル社
〒460-0008 名古屋市中区栄3-7-9 新鏡栄ビル8F
TEL 052-261-9101　FAX 052-261-9134
http://liberalsya.com
発　売　株式会社 星雲社
〒112-0005 東京都文京区水道1-3-30
TEL 03-3868-3275

ISBN978-4-434-24958-7